Esther Lehnert/ Heike Radvan

Rechtsextreme Frauen – Analysen und Handlungsempfehlungen für Soziale Arbeit und Pädagogik

Esther Lehnert/Heike Radvan

Rechtsextreme Frauen – Analysen und Handlungsempfehlungen für Soziale Arbeit und Pädagogik

Verlag Barbara Budrich
Opladen • Berlin • Toronto 2016

Bibliografische Information der Deutschen Nationalbibliothek
Die Deutsche Nationalbibliothek verzeichnet diese Publikation in der Deutschen Nationalbibliografie; detaillierte bibliografische Daten sind im Internet über http://dnb.d-nb.de abrufbar.

Gedruckt auf säurefreiem und alterungsbeständigem Papier

www.budrich-verlag.de

ISBN 978-3-8474-0700-3 (Paperback)
eISBN 978-3-8474-0846-8 (eBook)

Umschlaggestaltung: Bettina Lehfeldt, Kleinmachnow – www.lehfeldtgraphic.de
Lektorat & Satz: Ulrike Weingärtner, Gründau – info@textakzente.de
Druck: paper & tinta, Warschau
Printed in Europe

Vorwort

Mit dem vorliegenden Buch greifen wir eine Leerstelle auf: Wie in anderen gesellschaftlichen Bereichen auch, lässt sich in der Sozialen Arbeit beobachten, dass rechtsextreme Frauen mit ihren Einstellungen und ihrem Handeln oft übersehen und unterschätzt werden. Dies hat Folgen für das demokratische Miteinander in Einrichtungen Sozialer Arbeit, insbesondere aber Auswirkungen für diejenigen Menschen, die von rechter Gewalt betroffen sind. Doch wie kommt es zu diesem Wahrnehmungs- und Interventionsdefizit? Welche möglichen Ursachen lassen sich hierfür in Geschichte und Gegenwart in unserer Gesellschaft generell, in Sozialer Arbeit im Besonderen erkennen? Und wie verlaufen Situationen in der Praxis in verschiedenen Handlungsfeldern und welche Handlungsalternativen lassen sich herausarbeiten?

Unsere Motivation dafür, dieses Buch zu schreiben, beruht auf Erfahrungen in der Beratung und Weiterbildung von Fachkräften Sozialer Arbeit. In der Praxis sind Fachkräfte mit Erscheinungsformen von Rechtsextremismus konfrontiert. Oft sind deren unmittelbare Reaktionen von Verunsicherung geprägt: Ist diese Aussage problematisch? Soll/muss ich intervenieren und wenn ja, wie tue ich das? Welche Unterstützung kann ich mir holen? Wie ist die juristische Situation? Auf diese und weitere Fragen geben wir im Buch praxisbezogene, fallspezifische Antworten. Es ist uns ein Anliegen, diese aktuellen Fragen in einen historischen Kontext zu setzen: Wir diskutieren, inwiefern die Professionalisierungsgeschichte Sozialer Arbeit in Deutschland von Anfang an mit entpolitisierenden Denkfiguren verknüpft war und somit diskriminierenden, ausgrenzenden Praxen Vorschub geleistet hat. Zudem möchten wir eine Debatte über die Verantwortung von Aus- und Weiterbildung Sozialer Arbeit intensivieren: Die Auseinandersetzung mit Rechtsextremismus ist hier bislang ein randständiges Thema. So wird es durchaus in Lehrangeboten an Hochschulen und Weiterbildungseinrichtungen vereinzelt aufgegriffen, verantwortlich hierfür sind Lehrende, die das Thema einbringen. Jedoch zählt die systematische Auseinandersetzung mit historischen und gegenwärtigen Ideologien und Erscheinungsformen der extremen Rechten bislang unseres Wissens nach in keinem Falle konkret zum obligatorischen Rahmenplan der Aus- und Weiterbildung. Hochschulen und Universitäten sind aktuell auch damit konfrontiert, dass einzelne Studierende sich rechtsextrem orientieren oder organisieren. Institutionen bzw. die hier Verantwortlichen sind herausgefordert, hiermit einen Umgang zu entwickeln. Auch hierfür stellen wir erste Thesen und Vorschläge zur Diskussion. Unabhängig davon, dass der Fachdiskurs zu diesem Thema relativ jung ist, benötigen Fachkräfte Sozialer Arbeit eine Unterstützung bei der Herausbildung einer notwendigen professionsethischen Haltung. Mit dieser Haltung wird es einfacher, sich in Konfliktsituationen verlässlich für ein demokratisches Miteinander einzusetzen und gegen Ausgrenzung, Diskriminierung zu positionieren.

Dieses Buch wäre nicht ohne die Unterstützung einer Vielzahl an Personen möglich geworden. Zu allererst möchten wir den Kolleg_innen aus dem Verlag Barbara Budrich danken, die sich an uns wandten und in der Realisierung der Veröffentlichung unterstützten. Durch die Kooperation mit unserem Kollegen, dem Rechtsextremismus-Experten Ulrich Overdieck, erhält das Buch eine zusätzliche gesellschaftspolitische Dimension: Er bringt seine Expertise zu rechtsterroristischen Frauen in der BRD und zum Gerichtsprozess gegen Beate Zschäpe aus Gender-Perspektive ein. Ein großes Dankeschön gilt Ise Bosch und der Dreilinden GgmbH. Mit ihrer langjährigen Förderung der Amadeu Antonio Stiftung hat sie es ermöglicht, dass wir Ansätze in der Prävention von Rechtsextremismus aus feministischer Perspektive entwickeln und umsetzen konnten. So konnten wir die Fachstelle „Gender und Rechtsextremismus“ bei der Amadeu Antonio Stiftung aufbauen und vielfältige Erfahrungen sammeln. Für diese Möglichkeit und jegliche Unterstützung seien gedankt Anetta Kahane und allen Kolleg_innen der Stiftung. Für themenbezogene Recherchen und Mitarbeit sei gedankt: Sina Doughan, Jamina Diel, Naemi Eifler, Maria Hallama, Angela Schweizer, Henrike Voigtländer, Liz Weiler. Außerdem bedanken wir uns beim Forschungsnetzwerk Frauen und Rechtsextremismus für den inhaltlichen Austausch. Nicht zuletzt möchten wir an dieser Stelle allen Teilnehmenden danken, die auf Fortbildungen ihre Praxiserfahrungen geteilt haben und in einem vertrauensvollen Rahmen gemeinsam mit uns nach Antworten gesucht.

Berlin im September 2016

Inhalt

Einleitung

In diesem Buch steht die Frage, wie Soziale Arbeit heute das Phänomen rechtsextremer Frauen wahrnimmt und wie sie hierauf reagiert, im Zentrum. Wir betrachten Fallgeschichten, in denen Fachkräfte mit Adressat_innen (und deren Angehörigen) konfrontiert sind, die sich rechtsextrem engagieren oder bemerken, dass sich eine Kollegin in entsprechenden Gruppierungen organisiert. Wir fragen außerdem, wie sich Fach- und Hochschulen sowie Universitäten, die für die Profession ausbilden, damit umgehen, dass einzelne Studierende in politischen Organisationen der extremen Rechten aktiv sind. Auf Grundlage unserer Analysen und Beratungen in der Praxis formulieren wir die These, dass Soziale Arbeit das Phänomen rechtsextremer Frauen in vielen Fällen übersieht und/oder unterschätzt. Um diese These aus verschiedenen Perspektiven zu beleuchten, befassen wir uns mit den Zusammenhängen: In welchen Bedingungskontexten stehen die entlang der Fallgeschichten erkennbaren Wahrnehmungs- und Interventionsformen? Wie kommt es dazu, dass rechtsextreme Frauen mit ihren Einstellungen und ihrem Handeln seitens der Praktiker_innen, aber auch aufseiten von Institutionen aus dem Blick geraten und häufig als „unpolitisch", „nett", als „normal" und „eine von uns" beschrieben werden? Damit wenden wir uns bestimmten Bildern über Frauen zu, die in der Geschichts- und Geschlechterforschung in Bezug auf den westeuropäischen und angelsächsischen Raum untersucht wurden. Es geht uns um die Stereotype der friedfertigen, der unpolitischen, der passiven und der fürsorgenden Frau. Diese Bilder – und damit begründen wir diese Fokussierung – beeinflussen im Besonderen die Wahrnehmung rechtsextremer Frauen und die damit verbundenen Ausblendungen.

Wir befassen uns exemplarisch mit den Wahrnehmungsdefiziten gegenüber rechtsextremen Frauen in der Sozialen Arbeit, da sich hieran beispielhaft und wie durch ein Brennglas verstärkt, bestimmte Muster der Wahrnehmung erkennen lassen. Anders gesagt: Wir sehen in der Existenz rechtsextremer Frauen und in den Leerstellen hinsichtlich der Wahrnehmung ihrer politischen Meinungen und ihres Handelns lediglich die „Spitze eines Eisberges". Die Basis dieses Problems liegt u. E. vielmehr in den weit verbreiteten abwertenden Differenzsetzungen gegenüber Menschen verschiedener Zugehörigkeiten, die in ihrer Konsequenz mit rassistischen, antisemitischen, klassistischen, homosexuellen- und transfeindlichen, sexistischen sowie antiziganen und weiteren Aussagen einhergehen können. Sozialpsychologische Untersuchungen zum Syndrom „gruppenbezogener Menschenfeindlichkeit"[1] bestätigen, in welchem Maße entsprechende Aussagen Zustimmungen unter den Befragten erhalten. Es zeigt sich, dass diesen Konstruktionen – bei allen Unterschiedlichkeiten – eine Differenzsetzung zwischen einer „Wir"- und einer „Fremdgruppe" zugrunde liegt, die entlang verschiedener Kategorien wie „natio-ethno-kultureller" Zugehörigkeit (Mecheril 2010), Geschlecht, Klasse, körperlicher Ausstattung, Alter etc. vorgenommen und mit wertenden Zuschreibungen verknüpft wird. Diesen von einer wertenden Differenzsetzung[2] geprägten Wahrnehmungsformen bilden die Grundlage für das uns interessierende Phänomen. Insofern legen wir den Fokus zwar auf die Frage nach der Wahrnehmung von Rechtsextremismus im Allgemeinen und rechtsextremen Frauen im Besonderen. Jedoch verdeutlichen die Analysen der Fallgeschichten, dass eine grundsätzliche Problematisierung stereotypisierender, von wertenden Zuschreibungen geprägten Wahrnehmungsmustern – über die Beschäftigung mit „rechtsextremen Frauen" hinaus – notwendig ist. Wenn Kolleg_innen eines pädagogischen Teams eine Äußerung, die sich gegen Bewohner_innen der Unterkunft für Geflüchtete im Stadtteil richtet, nicht als problematisch, ggf. strukturell rassistisch erkennen, sondern inhaltlich zustimmen, haben wir es aus Perspektive einer diskriminierungsfreien, menschenrechtsorientierten Arbeit bereits mit einem Problem zu tun. Gleichzeitig ergeben sich hierüber inhaltliche Anschlussmöglichkeiten für rechtsextreme Positionen. Neben alltagsrassistischen, sozialdarwinistischen und weiteren Positionen sind diese gerade auch in Debatten um antifeministische Geschlechterdiskurse zu erkennen. Diese thematischen Anschlussmöglichkeiten nutzen Neonazi-Frauen, um Vertrauen aufzubauen, ihre Themen zu setzen und damit ihre Ideologie einzubringen. Nicht selten bleiben sie damit auf den ersten Blick unerkannt, die Aussage gilt als „normal" und „zustimmungsfähig". In dieser Veröffentlichung geht es uns neben der Thematisierung des konkreten Problems der Anschlüsse an völkische und rechtsextreme Ideologien[3] insofern auch darum, auf

---

1 | Heitmeyer, Wilhelm (Hg.): Deutsche Zustände, Bd. 1–10, Frankfurt am Main 2002–2012.

2 | Es geht uns hierbei nicht um eine Kritik an der Differenzsetzung im Vollzug von Wahrnehmungsverläufen generell. Eine Handlungsfähigkeit des Subjekts kann in einer modernisierten, komplexen Welt vielmehr nur über den Weg der Differenzsetzung und Gruppenbildung funktionieren. Problematisch werden diese Unterscheidungsprozesse, wenn sie unhinterfragt mit essenzialisierenden, wertenden Zuschreibungen verknüpft werden (vgl. zu Wahrnehmung und Stereotypisierung Radvan 2010: 74–77. Für das (sozial)pädagogische Handeln ist für uns dementsprechend eine reflexive Haltung wesentlich, die solcherart Prozesse kritisch in den Blick nimmt.

3 | Dementsprechend verwenden wie einen Begriff von Rechtsextremismus, in dem es weniger um die Konstruktion eines „rechten Randes" von Gesellschaft geht (zur Kritik vgl.

das grundlegende Problem alltagsrassistischer, antisemitischer und weiterer diskriminierender Einstellungen von Fachkräften und Adressat_innen aufmerksam zu machen sowie die strukturelle, institutionenbezogene Ebene zu betrachten. Nicht zuletzt ist es uns ein Anliegen, einen Diskussionsprozess in der Disziplin und Profession Sozialer Arbeit darüber anzuregen, welche weiteren Bedingungen zu den entsprechenden, hier problematisierten Verläufen in der Praxis führen (können).

Rechtsextreme Erscheinungsformen in der Sozialen Arbeit – ein neues Phänomen?

Dass rechtsextreme Erscheinungsformen, Teile der Ideologie oder Erziehungsstile rechter Gruppierungen in Einrichtungen der Pädagogik und in der Sozialer Arbeit auftauchen, ist nicht neu. In der alten Bundesrepublik gab es nach 1945 immer auch völkische Familien (Röpke 2010: 59–100; Amadeu Antonio Stiftung 2014). Zudem waren die Alltagskultur und weite Teile der Eliten auch von alltagsrassistischen, antisemitischen, geschichtsrevisionistischen Äußerungen und Einstellungen geprägt (Klee 2003; Amadeu Antonio Stiftung 2012). Auch wenn diese Entwicklung für den sich als antifaschistisch verstehenden Staat DDR differenzierter beschrieben werden muss, waren Rassismus und Antisemitismus in der Gesellschaft virulent und prägten die Alltagskultur sowie öffentliche Einrichtungen (vgl. u. a. Amadeu Antonio Stiftung 2010). In beiden Gesellschaften lassen sich autoritäre, repressive und strafende Erziehungsstile erkennen, deren Ursprünge zurückreichen bis weit vor den Nationalsozialismus (vgl. u. a. Sachße/ Tennstedt 1988). Im Zuge der

---

Radvan 2013: 12f.). Vielmehr bezieht sich unsere Perspektive auf die Herstellung von Ungleichwertigkeitsvorstellungen, die sich sprachlich äußern, rechtsextremen Ideologien zugrunde liegen und Anschlussstellen in die sogenannte „Mitte der Gesellschaft" eröffnen. Aus soziologischer Perspektive werden als Grundelemente des Phänomens Rechtsextremismus die in entsprechenden Gruppen vertretene Ideologie der Ungleichheit von Menschen und die Befürwortung physischer und struktureller Gewalt benannt (vgl. Heitmeyer 1989). Ursula Birsl differenziert zwischen Ungleichwertigkeitsideologien, die nach biologistisch und naturalistisch begründeten Unterschieden im Innen der Gemeinschaft und im Außen konstruiert werden (vgl. Birsl 2011: 17ff.). Als zentrale Bestandteile der Ideologie des modernen Rechtsextremismus gelten: Nationalismus, Ethnozentrismus, Rassismus, Sozialdarwinismus, Antisemitismus, Verharmlosung des Nationalsozialismus, Befürwortung einer rechtsautoritären Diktatur, Chauvinismus und Sexismus (Stöss 2005: 25); Claus et al. ergänzen dies um Homo- und Transphobie (Claus et al. 2010: 12). Der Begriff fungiert als Sammelbegriff für verschiedene politisch rechts gerichtete Einstellungen und Erscheinungsformen und bezeichnet das Spektrum des gewalttätigen Neonazismus ebenso wie der sich bürgerlich gebenden Neuen Rechten. Im modernen Rechtsextremismus werden Menschenrechte außer Kraft gesetzt, demokratische Strukturen und Grundrechte als Feindbild gesehen, letztlich gilt die Abschaffung der Demokratie und des Verfassungsstaates als Ziel rechtsextremen Handelns.

sogenannten 68er-Bewegung werden in Westdeutschland solcherart repressive Ansätze erstmalig breiter hinterfragt und zur Disposition gestellt.[4] Dass Demokratiepädagogik, Kinderrechte, eine Pädagogik der Vielfalt und der Menschenrechte im Sinne einer Anspruchshaltung im pädagogischen Alltag der Gegenwart weitgehend angekommen sind, lässt sich z. T. auch als Ergebnis dieser sozialen Bewegungen beschreiben. Jenseits dessen zeigen sich Versatzstücke von Autoritarismus, Repression und Orientierung an Normierung auch in heutigen Erziehungseinrichtungen in den neuen und alten Bundesländern. Als Beispiel können aktuelle Debatten um geschlossene Einrichtungen herangezogen werden.[5]

Eine qualitative Veränderung, bezogen auf unser Thema Rechtsextremismus, innerhalb von Sozialer Arbeit lässt sich ungefähr seit 2005 beobachten. In diesem Zeitraum werden erste Fälle bekannt, in denen Einrichtungen der Familien-, Kinder- und Jugendarbeit mit dem Wirken rechtsextremer Fachkräfte und Ehrenamtlicher konfrontiert sind (Hallama 2015: 4ff.; Litschko 2007). So arbeitete z. B. Iris N., Mitglied in der NPD, als Sozialpädagogin in einem multikulturell geprägten Jugendzentrum in Nordrhein-Westfalen (Lang 2008:19). Die rechtsextreme Multifunktionärin Stella H. engagierte sich ehrenamtlich im Familienzentrum einer brandenburgischen Kleinstadt, in dem auch ihre Kinder untergebracht waren (vgl. ebd.: 18.). Die vierfache Mutter Ricarda R. gilt bis heute als eine der aktivsten rechtsextremen Frauen in Deutschland. Sie gab ehrenamtlichen Unterricht im Schwimmverein (vgl. ebd.: 19).

Seitdem haben wir es in der Beratungsarbeit von frühpädagogischen Einrichtungen zunehmend damit zu tun, dass sich rechtsextrem orientierte oder organisierte Mütter gezielt und strategisch in die Elternarbeit einbringen. Das aus unserer Sicht qualitativ Neue besteht in der Wahrnehmung des Phänomens: Pädagog_innen und Eltern reagieren besorgt auf rechtsextreme Schmierereien, Äußerungen, Kleidungsstile und die damit einhergehende Präsenz von Personen, die sich in rechtsextreme Gruppierungen hinein orientieren oder bereits Teil dessen sind. Außerdem lässt sich ein strategisches Vorgehen seitens der Neonazi-Akteur_innen beobachten: Junge Eltern, insbesondere Mütter ebenso wie ausgebildete Fachkräfte versuchen ihre menschenverachtende Ideologie unerkannt in ihren Alltag und damit auch in die verschiedenen Bereiche von Pädagogik und Sozialer Arbeit einzubringen, das betrifft u. a. Schule und Jugendarbeit, Vereinsarbeit im Allgemeinen, Altenpflege und Verwaltung. Dies ist Teil der sogenannten Normalisierungsstrategie von NPD und

4 | Vgl. Diskussion um die aufkommende Kinderladenbewegung u. a. Baader (2008).

5 | Vgl. Die Berichterstattung zur Haasenburg: Haasenburg-Schwerpunkt auf taz.de und die Berichterstattung über eine Einrichtung in Schleswig-Holstein vgl. Burgschat/Gantz/Hilbert 2015.

anderen rechtsextremen Organisationen. Seit Ende der 1990er Jahre wird in diesem Sinne versucht, an alltagsrassistische Diskurse der sogenannten Mitte der Gesellschaft anzuknüpfen sowie vorhandene gesellschaftliche Probleme umzudeuten und rassistisch aufzuladen.

Die hier beschriebenen Entwicklungen stehen im Kontext einer Veränderung innerhalb rechtsextremer Gruppierungen. Seit den 1980er Jahren lässt sich eine sukzessive Zunahme von Frauen verzeichnen. Dies geht einher mit einer Ausdifferenzierung von Positionen und Rollenbildern, die Frauen in diesen Gruppierungen einnehmen und leben (vgl. u. a. Fachstelle Gender und Rechtsextremismus 2014). Neben traditionellen Orientierungen an Mutterrolle und Familie finden sich „modernisierte" Lebensentwürfe, in denen sich rechtsextreme Frauen neben der häuslichen Sphäre selbstverständlich in den öffentlichen Bereich der Politik, in aktionistische und gewalttätige Bereiche neonazistischer Kameradschaften einbringen und dort eigene Ziele vertreten. Im Zuge dieser Entwicklung entstehen Familien, die sich als rechtsextrem oder völkisch verstehen. Entsprechend der Idee, die „deutsche Volksgemeinschaft" zu sichern, orientieren sich viele dieser Paare stark an Elternschaft und leben mit mehreren Kindern. Kinder aus diesen Familien besuchen Einrichtungen der frühkindlichen Pädagogik, Kitas, Vor- und Grundschulen, Horte. Angesichts dieser Entwicklung stehen Pädagog_innen vor verschiedenen Herausforderungen. Das betrifft zu allererst das Phänomen der „doppelten Unsichtbarkeit" (Lehnert 2013: 200): So wird im Allgemeinen davon ausgegangen, dass Frauen weniger politisch interessiert und friedliebend seien. Mit dieser Annahme geraten dann diejenigen Frauen, die sich rassistisch, rechtsextrem und generell menschenfeindlich äußern und dementsprechend handeln, mit einer hohen Wahrscheinlichkeit aus dem Blick. Diese eingeschränkte Wahrnehmung steht auch damit im Zusammenhang, dass Rechtsextremismus und Gewalt nach wie vor häufig als „männliche Phänomene" gesehen werden. Wir werden auf dieses Phänomen bzw. seine Folgen in den Kapiteln zur Praxis Sozialer Arbeit dezidiert eingehen.

Soziale Arbeit als unpolitisches Feld

Mit dem angenommenen Wahrnehmungsdefizit gegenüber rechtsextremen Frauen unterscheiden sich Pädagogik und Soziale Arbeit nicht grundsätzlich von anderen gesellschaftlichen Bereichen im gegenwärtigen Deutschland. Dass die Einstellungen und das Handeln dieser Frauen unbeachtet bleiben und/oder unterschätzt werden, lässt sich in vielen Bereichen erkennen, sowohl in der Zivilgesellschaft als auch in Verwaltung, Polizei und Verfassungsschutz (vgl. Fachstelle Gender und Rechtsextremismus 2014). Gleichzeitig gehen wir davon aus, dass es bestimmte konstitutive Bedingungen in der

Disziplin und Profession Sozialer Arbeit gibt, die sich in die Geschichte zurückverfolgen lassen und die die spezifische Wahrnehmung und Reaktion auf das Phänomen heute bedingen. Unter einer Vielzahl möglicher Gründe wenden wir uns einem Aspekt ausführlicher zu und arbeiten heraus, wie im Zuge der Professionalisierung seit dem ausgehenden 19. Jahrhundert mit der Fokussierung auf das Konzept der „beruflichen" bzw. „organisierten Mütterlichkeit" Soziale Arbeit in Deutschland von Beginn an als weitgehend „unpolitisches Helfen" konstruiert wird. Damit schließen wir an Debatten über die spezifische Konstituierung der Profession in Deutschland an und greifen insbesondere die Auseinandersetzung über eine dominante Orientierung am Konzept der Fürsorge auf und der Kritik an einer damit einhergehenden Differenzsetzung zwischen praktischer Sozialer Arbeit und politischem Handeln. Bereits Silvia Staub-Bernasconi kritisiert die entpolitisierenden Auswirkungen des fürsorglichen Verständnisses Sozialer Arbeit und verweist auf deren begrenzende Folgen in Richtung Reparateurs- und Reproduktionsaufgaben (Staub-Bernasconi 2013: 48). Wolfram Stender und Dany Kröger kritisieren, dass hiermit auch strukturelle Ursachen für soziale Probleme ausgeblendet bleiben (Stender/Kröger 2013: 7ff.). Während die Zusammenhänge zwischen dem Fürsorgekonzept und der Interpretation Sozialer Arbeit als unpolitisch bereits breiter diskutiert scheinen, wollen wir eine Leerstelle beleuchten, die sich u. E. hinsichtlich der Zusammenhänge zwischen dem Konzept der „beruflichen Mütterlichkeit" und der Vorstellung des Unpolitischen erkennen lässt. So setzen sich Forscher_innen der Geschichtswissenschaft und der Frauen- und Geschlechterforschung zeitlich parallel und thematisch überschneidend mit dem Konzept der „organisierten Mütterlichkeit" auseinander, wobei es Letzteren fokussiert um die Frage einer politischen Strategie für die gesellschaftliche Beteiligung und Gleichberechtigung der Frau geht (Stoehr 1983; Allan 2000). Was hierbei bislang u.E. ausbleibt, ist ein Zusammendenken des Konzeptes mit den konstitutiven Bedingungen Sozialer Arbeit: Inwiefern hängt das Konzept der „organisierten Mütterlichkeit" mit einer Entpolitisierung zusammen und wie lässt sich dies beschreiben?

Um herauszuarbeiten, wie bestimmte Wahrnehmungsformen/Wahrnehmungsdefizite gegenüber rechtsextremen Frauen historisch entstehen und in der Gegenwart reproduziert werden, betrachten wir zwei Aspekte, die sich im Sinne theoretischer Vorannahmen als Querschnitt durch unsere Analysen ziehen. Wir thematisieren diesbezügliche Zusammenhänge mit

1. den historisch hergestellten geschlechtsspezifischen Zuschreibungen an Frauen als „friedliebend", „fürsorgend" und „unpolitisch" im Kontext Sozialer Arbeit und

2. der Herstellung von „Normalität“ und der damit verbundenen Konstruktion des „Anderen“ als deren konstitutiver Bedingung.

Insofern versucht dieses Buch, Diskurse aus der Sozialarbeitswissenschaft, der Geschichtswissenschaft und der Frauen- und Geschlechterforschung für die Bearbeitung der hier relevanten Fragestellung heranzuziehen und zusammenzudenken. Wir reagieren damit auf eine Leerstelle im Fachdiskurs und beabsichtigen, Diskussionen über den Umgang mit Erscheinungsformen von Rechtsextremismus in Sozialer Arbeit allgemein und der spezifischen Wahrnehmung gegenüber rechtsextremen Frauen im Besonderen zu initiieren. Nicht zuletzt geht es uns um Debatten über die Frage des Politischen Sozialer Arbeit und der Frage nach (Dis-)Kontinuitäten im Umgang mit ideologisch rechten Positionen.

Theoretische Vorüberlegung I: Stereotype der „friedliebenden“, „fürsorgenden“ und „unpolitischen“ Frau

Im Sinne einer theoretischen Vorüberlegung beschäftigen wir uns allgemein mit der Frage, inwiefern die Wahrnehmung von Frauen (ebenso wie von Männern) in Geschichte und Gegenwart durch Stereotype beeinflusst ist. Vor dem Hintergrund des aufgeworfenen Themas legen wir den Fokus darauf, welche Bilder mit bestimmten Zuschreibungen an Frauen als „friedfertig“, „fürsorgend“ und „unpolitisch“ einhergehen und woher diese Stereotypen ihren Ursprung haben.

Über viele Jahrhunderte existieren geschlechtsspezifische Bilder über „die Frau“ und „den Mann“. Diese dichotomen Bilder sind eng mit der Vorstellung von Zweigeschlechtlichkeit verknüpft und übernehmen bestimmte Funktionen. Zum einen vereinfachen sie vermeintlich das soziale Handeln in einer unübersichtlichen und komplexen Gesellschaft. Zum anderen lassen sich strukturelle, machtbezogene Aspekte erkennen: Frauen und Männer werden mit diesen Bildern bestimmte gesellschaftliche Positionen mit spezifischen Aufgaben zugewiesen. Auf diese Weise wird eine geschlechtsspezifisch ungleiche Macht- und Chancenverteilung in der Gesellschaft hergestellt und reproduziert.

Machtbezogene Zusammenhänge zwischen Stereotypisierungen, Diskriminierung und Ausgrenzung sind generell vergeschlechtlicht, gehen aber auch über die Kategorie Geschlecht hinaus. Um diese Zusammenhänge zu erkennen, ist eine intersektionale Perspektive notwendig, mit der die mehrdimensionalen Zugehörigkeiten von Menschen in ihren gegenseitigen Beeinflussungen/Überschneidungen erfasst werden (Degele/Winker 2007). So gehen geschlechtsspezifische Vereindeutigungen mit Ausblendungen von Diskriminierung einher, beispielsweise von Menschen mit Rassismuserfahrungen, Betroffenen, die aufgrund körperlicher Beeinträchtigungen diskriminiert wurden etc. Wir werden im Folgenden versuchen, diese Perspektiven im Sinne eines mehrdimensionalen Blicks einzunehmen und einen differenzierenden Blick auf Geschichte zu formulieren. Das beinhaltet auch, uns kritisch mit dem Thema der Beteiligung von Frauen an diktatorischen Herrschaftssystemen, insbesondere am Nationalsozialismus auseinanderzusetzen. Grundsätzlich ist es wichtig – auch wenn wir dies im Folgenden nicht weiter thematisieren können – diese Frage auch für die Gegenwart zu stellen. Das betrifft z. B. die Rolle weißer Frauen in (post)kolonialen Gesellschaften. Hier waren und sind bestimmte Frauen auch Profiteurinnen. Außerdem ist das Thema Klassismus (Kemper/Weinbach 2009) bei der Auseinandersetzung mit der Sozialen Arbeit von Bedeutung, da deren Adressat_innen seit Beginn immer auch zu den sogenannten gesellschaftlichen „Randgruppen" oder „Unterprivilegierten" gehören.

Fragt man nun, seit wann geschlechtsspezifische Bilder existieren, so lässt sich zeigen, dass die Geschichtsschreibung geprägt ist von dominanten Bildern, in denen Frauen bestimmte Eigenschaften und in vielen Fällen ausschließlich der familiäre Bereich zugeordnet wurden. Diese Zuschreibungen setzen bereits mit der Darstellung bzw. Konstruktion einer strikten geschlechtlichen Arbeitsteilung in prähistorischen Gemeinschaften ein. Es sind Bilder über jagende Männer und das Feuer und Kinder hütende Frauen. Neuere Forschungen belegen, inwiefern es sich nicht selten um Überformungen der entsprechenden Funde handelt, mit denen geschlechtliche Komplexität und Diversität von Alltagspraxen vereinfacht und vereindeutigt wurden: Ethnografische Befunde, welche einer angenommenen Binarität von Geschlechterrollen nicht eindeutig entsprachen, wurden entsprechend interpretiert und an die Geschlechtervorstellungen angepasst (Schmitz 2006: 195ff.; Selg 2015). In den 1970er Jahren entsteht neue Forschung mit dem Ziel, eine männlich dominierte Sicht auf die Geschichte um Perspektiven von Frauen zu erweitern und so Themen und Sichtweisen in der Wissenschaft zu etablieren, die bisher wenig Beachtung gefunden hatten.

Eine zentrale Rolle für die Aufarbeitung der Historizität der Zweigeschlechtlichkeit spielt Thomas Laqueur, welcher in den 1980er Jahren seine Forschungsergebnisse vorstellte. Nach Laqueur basierte die von der Antike bis 1800 geltende Geschlechterordnung auf einer naturphilosophischen Theorie des „Ein-Geschlechter-Modells". Demnach stelle die Frau keinen grundsätzlichen Gegenpol zum Mann dar, sondern sei eine Version des Mannes (Voß 2011: 71f.). Aristoteles beispielsweise sah in der Frau die „Missbildung" vom vollkommenen Menschen bzw. Mann und sah die *„Notwendigkeit, dass Frauen stets Vormündern unterstellt"* sein müssten (ebd.: 72). Das „Ein-Geschlechter-Modell" ging folglich von einer *Defizität* der Frau als Mensch aus und begründete so ihre untergeordnete gesellschaftliche Stellung.

Bei einer genaueren Betrachtung erschließen sich bereits in der Antike binäre geschlechtliche Zuschreibungen. So wurden Frauen bereits damals dem häuslichen Bereich zugeordnet, da die Gottheit sie „schwächer" und „vorsichtiger" als die „verteidigungsbereiter[en]" Männer geschaffen habe.[6] Eine geschlechtliche Dichotomie zeigt sich auch in der Mythologie, in der Eirene als Friedensgöttin fungierte und Ares als Kriegsgott. Stereotypisierungen über „die Frau" setzen sich im Christentum fort. Hier entwickelte sich die Figur der Maria, der Mutter Gottes, die zur Inkarnation der Barmherzigkeit wurde. Noch zurzeit der Reformation beschrieb Luther Frauen als „von Gott dazu geschaffen, Kinder zu gebären, die Männer zu erfreuen, barmherzig zu sein" (zit. nach Aland 1954: 279). Die Annahme, dass bis zur Aufklärung das „Ein-Geschlechter-Modell" vorherrschte, wurde im Fachdiskurs kritisch diskutiert und für die Zeit ab 1600 widerlegt (Voß 2011: 70).

Während die Geschlechtervorstellungen vor 1800 auf naturphilosophischen Ansätzen basierten und u. a. durch die Berufung auf Gott und die Bibel legitimiert wurden (Opitz-Belakhal 2010: 56), fand mit der Aufklärung ein Wandel der Legitimation hin zu einer biologisch-medizinischen Argumentation statt. Es wurden Untersuchungen und Forschungen an verschiedenen Geschlechtern unternommen, auf deren Basis Theorien zu den Unterschieden zwischen Mann und Frau entwickelt wurden, so dass sich die Bezeichnung der „Verwissenschaftlichung der Differenz" (Gildemeister/Hericks 2012: 18ff.) etablierte. Von einer geringeren Körpergröße und einem weniger ausgeprägten Muskelbau wurde auf geistige Unterlegenheit, Charakterschwäche und Emotionalität geschlossen. Ein geringeres Lungenvolumen wurde herangezogen, um eine Furcht der Frau vor der öffentlichen Sphäre zu begründen und somit ihre Nähe zum privaten Haushalt (Honegger 1991).

Zwischen 1780 und 1810 erhält ein Konzept der Geschlechtscharaktere verstärkten Zuspruch. Es assoziiert „die Frau" mit *Liebe, Emotionalität, Bewahrung und Güte*, während „dem Mann" *Gewalt, Rationalität, Vernunft* und *das Denken* zugeschrieben werden (vgl. u. a. Hausen 1976). Auch in den Schriften Kants und Hegels wird „die Frau" aufgrund einer biologischen Veranlagung als gutartig und friedlich bezeichnet (Annerl 1997: 223ff.). Vertreterinnen der Frauenbewegung des 19. und frühen 20. Jahrhunderts befanden auch, dass „weibliches Wesen, weiblicher Instinkt identisch mit Pazifismus [seien]" (Heymann 1917) und begründeten hiermit ihre Verantwortung in der Arbeit gegen Kriege. Die an Frauen gerichteten Erwartungen sahen das Ausüben der Mutterrolle und die Pflege der heimischen Sphäre vor, wäh-

---

6 | So das 1. Buch der Oikonomia des Pseudo-Aristoteles (43a 1–4), welches zu den konservativen Schriften gezählt wurde, jedoch vor allem seit dem 1. Jh. v. Chr. populär war (Standhartinger1995: 61).

rend die öffentlich-politische Sphäre den Männern vorbehalten war. Nach Alice Salomon, eine der wichtigsten Begründer_innen der Sozialen Arbeit in Deutschland und Mitglied der Frauenbewegung, sei die Pflege und Fürsorge die „höchste Pflicht und schönste Tugend der Frauen" (Feustel 2004: 484). Das Private galt als unpolitisch, der Zusammenhang „weiblicher Tätigkeiten" mit dem Öffentlichen und Politischen wurde weitgehend negiert. Das Bild von „der Frau" als passives und unpolitisches Wesen, das für den privaten Bereich und die Kindererziehung zuständig war, verstellte nicht nur die Sicht auf die kulturellen und gesellschaftspolitischen Leistungen bürgerlicher und proletarischer Frauen, die u. a. in Wissenschaft, sozialen Bewegungen, Kunst und in weiteren Bereichen tätig waren. Es blieben zudem die Frauen unbeachtet, die in der Regel aus ökonomischen Zwängen heraus in Fabriken oder in der Landwirtschaft arbeiten mussten. Mit dem Bild der Frau als friedfertigem Wesen gerieten darüber hinaus Frauen aus dem Blick, die sich in Bewegungen engagierten, die diktatorische und menschenverachtende Ideologien vertraten (für eine vertiefende Auseinandersetzung mit dem Mythos der friedliebenden Mutter insbesondere in Deutschland vgl. Vinken 2011).

Die Verbindung von Weiblichkeit mit Friedfertigkeit setzte sich auch im zweiten Teil des 20. Jahrhunderts fort. Jedoch wurde nun der Grund weniger in biologischen, vermeintlich „natürlichen" Ursachen gesucht, sondern zunehmend als Resultat der geschlechtsspezifischen Sozialisation von Frauen gesehen. In diese Richtung argumentierte bereits Alice Salomon, die einerseits noch die „natürlichen" Stärken der Frau betonte, andererseits herausstellte, dass diese Eigenschaften durch die „jahrhundertelang einzig und allein auf die Pflege des Gemüts, auf die Ausbildung des Gefühlslebens" (Salomon 1902: 46) beschränkte Sozialisation herausgebildet wurden. Die Psychoanalytikerin Margarete Mitscherlich verfolgte diesen Ansatz in ihrer Publikation „Die friedfertige Frau" von 1985 weiter, in der sie Männer infolge geschlechtsspezifischer Erziehung als zerstörerisch, Frauen hingegen als opfernd und dienend darstellte (Mitscherlich 1994: 181). Mit der nahegelegten Rolle als Opfer geriet allerdings die Frage nach Verantwortung für historische Verbrechen weitgehend aus dem Blick. Erst sehr spät, ca. 40 Jahre nach dem Nationalsozialismus wird die Frage nach der (Mit-)Täter_innenschaft von Frauen an den Verbrechen gestellt (vgl. Kapitel 1.3). Gründe für diese verzögerte Thematisierung sind u. a. auch in den skizzierten Stereotypisierungen über Frauen als friedliebend, unpolitisch und opferbereit zu finden.

Einhergehend mit der Annahme von Friedfertigkeit wurde historisch gesehen häufig davon ausgegangen, dass Frauen eher passiv und zurückhaltend seien. Die Wirkung dieses traditionellen Stereotyps zeigt sich u. a. in der deutschen Geschichtsforschung, in der bis in die 1970er Jahre Frauen als aktiv Handelnde nahezu gänzlich ausgeklammert bleiben. Die Geschichtswissenschaften bilden keine Ausnahme, eine auf Männer fokussierte Perspektive dominierte nahezu alle gesellschaftlichen Bereiche. Es ließen sich in der Geschichte eine Vielzahl weiterer Beispiele für das Bild der schwachen, zu beschützenden, friedfertigen und fürsorgenden Frau finden. Das Bild wurde über die Jahrhunderte wirksam in Alltag und Kulturen eingeschrieben. Dieses Geworden-Sein zu erfassen und zu fragen, wie es die heutige Wahrnehmung im Allgemeinen, im Besonderen die in der Sozialen Arbeit Tätigen prägt, ist im Folgenden Thema.

Theoretische Vorüberlegung II: Die Konstruktion „des Anderen" als konstitutive Bedingung Sozialer Arbeit

Um der Frage nachzugehen, wie das Phänomen rechtsextremer Frauen in Pädagogik und Sozialer Arbeit wahrgenommen wird, wenden wir uns einem weiteren Aspekt im Sinne einer theoretischen Vorüberlegung zu. Soziale Arbeit und ihre institutionellen Vorläufer, die Fürsorge und Armenpflege, waren in der Geschichte und sind in der Gegenwart konstitutiv mit der Konstruktion von „Normalität" (Kessl/Plößer 2010) verbunden. Normalisierung gehört/e zu den genuinen Aufgaben der hier Tätigen, wobei die Vorstellung dessen, was als „normal" galt und gilt, auf dem jeweilig hegemonialen Menschenbild und den damit verbundenen Wertvorstellungen basiert/e und sich in der Praxis wiederfand/-findet. Die Herstellung des hilfebedürftigen „Anderen" ist historisch verknüpft mit der Ausgrenzung derjenigen Personen, die als nicht hilfeberechtigt und letztlich als nicht zugehörig zu einer – zumeist national (in den Anfängen eher regional) konstruierten Gemeinschaft – erklärt wurden. Dementsprechend lässt sich Geschichte Sozialer Arbeit immer auch vor der Frage beschreiben, inwiefern die entsprechenden Institutionen und die hier tätigen Subjekte an der Stigmatisierung, gesellschaftlichen Diskriminierung und Ausgrenzung gegenüber den konstruierten „Anderen" beteiligt waren. Soziale Arbeit, Fürsorge und Armenpflege hatten zu keiner Zeit die ausschließliche Aufgabe der „Hilfe für die Betroffenen", es ging immer auch um Kontrolle und Anpassung an die Norm (Müller 1995: 138f.).

Dementsprechend kritisch lassen sich beispielsweise die erste Armenpflegetheorie von Juan Luis Vives aus dem Jahr 1526 diskutieren[7] (vgl. u. a.

7 | Anders als in der von Thomas von Aquin religiös begründeten Almosenlehre geht Vives von einer Arbeitspflicht für Arme aus (vgl. hier und im Folgenden: Engelke/Borrmann/Spatschek 2008: 51–64). Arbeit erhält in dieser Zeit ihren eigenen Wert, Betteln wird verboten und verpönt. In diesem Kontext werden Arme bürokratisch erfasst, Bedürftigkeit und Arbeitsfähigkeit werden überprüft und Arbeit vermittelt. Städtische Institutionen unterscheiden zwischen „eigenen" und „fremden" Armen, ortsfremde Bettler_innen werden ausgewiesen. Eine zunehmende Bedeutung erhält die Erziehung zur Arbeit: Kinder, aber auch Arme sollen zum Arbeiten erzogen werden, Arbeitsverweigerern wird mit Zwang begegnet. Arbeitsunfähige, kranke Personen und Findelkinder werden versorgt.

Kuhlmann 2008a/b; Schilling/Zeller 2007; Wendt 2008: 21–28), aber auch die sozialdarwinistischen, bevölkerungspolitischen Forderungen von Thomas Robert Malthus zurzeit des Absolutismus.[8] Kategorisierende, ausgrenzende, normierende Praktiken und Funktionen der Armenpflege und Fürsorge bleiben in Darstellungen über die Geschichte Sozialer Arbeit nicht ausgespart. Dennoch ist zu fragen, warum die konstituierende Funktion des Normalisierens nicht selten durch ein weitgehend positiv konnotiertes Bild des helfenden Berufes überformt wird. Beispielhaft verweisen Paul Mecheril und Claus Melter auf das wiederholt gezeichnete Bild einer „vornehmlich progressiven Sozialen Arbeit am Beginn des 20. Jahrhunderts und in der Weimarer Republik" (dies. 2010: 124). Und es lässt sich fragen, warum die Debatte um die Beteiligung von Fürsorger_innen am Nationalsozialismus in den 1980er Jahren in Westdeutschland erst sehr spät beginnt, in Ostdeutschland weitgehend ausgespart bleibt und die Erzählung eines „unbelasteten Neuanfangs in den Nachkriegsjahren" (ebd.) über einen langen Zeitraum dominiert.

Lob-Hüdepohl sieht Soziale Arbeit gerade im Blick auf die historische Entwicklung immanent mit der Frage der ethischen Legitimität konfrontiert. Dass die Verwirklichung menschenrechtlicher Ansprüche und das individuelle Wohlergehen vor gesamtgesellschaftlichen und staatlichen Interessen prioritär seien, habe sich erst in den letzten Jahrzehnten entwickelt (Lob-Hüdepohl 2003). Eine Neuorientierung an emanzipatorischen und herrschaftskritischen Positionen, an Menschenrechten und sozialer Gerechtigkeit lässt sich auch mit der Definition der International Federation of Social Workers (IFSW 2014) belegen. Hier wird es als Aufgabe und Prinzip der Profession beschrieben, ausgrenzende, gewaltförmige Phänomene wahrzunehmen, zu skandalisieren sowie diskriminierende Politiken und Praktiken zurückzuweisen. Neben der detaillierten historischen Aufarbeitung besteht eine kontinuierliche Aufgabe darin, die jeweilige Beteiligung Sozialer Arbeit an Herrschaftsstrukturen, Ausgrenzung, Gewalt und Unterdrückung auch in der Gegenwart zu beleuchten. Vor allem eine Kritische Soziale Arbeit[9] zeigt auf, dass eine besondere Verantwortung darin besteht, Machtverhältnisse inklusive eigener Positionierungen kritisch zu hinterfragen. Bis heute birgt das

8 | In seiner Bevölkerungstheorie plädiert Malthus dafür, die Bevölkerungszunahme zu begrenzen, u. a. durch Enthaltsamkeit und späte Ehen unter Armen; Letztere seien nur zu befürworten, wenn die Eheleute in der wirtschaftlichen Lage sind, sich selbst zu erhalten (vgl. hier und im Folgenden: Engelke/Borrmann/Spatschek 2008: 110–122). Lohnerhöhungen werden kritisiert, da sie die Arbeiter zur weiteren „Vermehrung" anreizen würden. Seine bevölkerungspolitischen Thesen werden über die Jahrhunderte wiederholt aufgegriffen, insbesondere im Nationalsozialismus.

9 | Weitere Informationen zu Kritischer Sozialer Arbeit beispielsweise beim Arbeitskreis Kritische Soziale Arbeit Berlin: www.berlin-aks.de.

doppelte Mandat mit dem Anspruch von Kontrolle und Hilfe eine strukturelle Herausforderung, aus der es in der Praxis nur bedingt Ausstiegsmöglichkeiten zu geben scheint. Mecheril und Melter argumentieren, dass der Anspruch an eine selbstkritische und selbstreflexive Haltung Sozialer Arbeit angesichts des grundlegenden Bezuges auf Differenz prekär bleibt (dies. 2010: 128f.). Wir plädieren für eine ethische, menschenrechtliche Orientierung, wie sie u. a. Silvia Staub-Bernasconi mit ihrer Entwicklung eines Dritten Mandates entwirft (Staub-Bernasconi 2006).

Vor diesem Hintergrund ist es weniger verwunderlich, dass kritische Fragen an die diesbezügliche Rolle von Fürsorge und Sozialer Arbeit in Geschichte und Gegenwart innerhalb der Forschung und Theoriebildung und dementsprechend auch der Aus- und Weiterbildung erst seit wenigen Jahren berücksichtigt werden bzw. partiell eine nach wie vor marginale Rolle einnehmen. So wird – um ein Beispiel zu nennen – erst seit einigen Jahren die Bedeutung jüdischer Wissenschaftler_innen und Praktiker_innen für die Soziale Arbeit in Deutschland thematisiert. Die durch den Massenmord an den europäischen Juden entstandene Leerstelle in der Professionalisierung wird bislang wenig thematisiert (eine erste Ausnahme hierzu vgl. Hering 2007); nach wie vor müssen eine Vielzahl von Werken dieser Autor_innen als vernachlässigt und vergessen gelten. Ausblendungen und Leerstellen finden sich zudem hinsichtlich der Frage, welche beruflichen Verläufe Fürsorgerinnen nach 1945 in West- und Ostdeutschland nahmen, die im Nationalsozialismus an der Stigmatisierung von Menschen beteiligt waren, die letztlich zu deren Ermordung und/oder Gewalthandlungen an ihnen führte.[10]

Aufbau der Veröffentlichung

Wir beginnen im ersten Kapitel mit einem Blick in die Geschichte Sozialer Arbeit und fragen danach, inwiefern der Prozess der Professionalisierung in Deutschland mit bestimmten Bildern von Weiblichkeit verknüpft ist und inwieweit diese Bilder mit dem Mythos einer „unpolitischen" Sozialen Arbeit zusammenhängen. Exemplarisch betrachten wir die Zeit des Nationalsozialismus und beleuchten exemplarisch berufliche Kontinuitäten von Frauen in der Sozialen Arbeit nach 1945 in Westdeutschland.

10 | So finden sich beispielsweise im Personenlexikon Sozialer Arbeit von Maier positive Darstellungen von Funktionär_innen Sozialer Arbeit, die ihre Karrieren bruchlos im und nach dem Nationalsozialismus fortsetzen konnten. Außerdem werden Karrieren von Personen positiv beschrieben, die sich bereits in der Weimarer Republik an menschenfeindlichen, ausgrenzenden Diskursen z. B. über den Umgang mit „Minderwertigen" beteiligt hatten (Maier 1998).

Der Autor des Unterkapitels 1.4. ist unser Kollege Ulrich Overdieck. Er beginnt die Auseinandersetzung mit der Wahrnehmung rechtsextremer Frauen nach 1945 am Beispiel von Rechtsterroristinnen in Westdeutschland. Das folgende zweite Kapitel – und damit auch das umfangreichste unseres Buches – legt den Fokus auf die Auseinandersetzung mit rechtsextremen Frauen in der Gegenwart. Einleitend (2.1.–2.1.3.) stellt Ulrich Overdieck die Analyseergebnisse seiner Beobachtungen des Gerichtsprozesse gegen Beate Zschäpe vor. Sehr anschaulich belegen verschiedene Fallgeschichten, inwiefern eine verkürzte Wahrnehmung der Aktivitäten rechtsextremer Frauen Folgen haben für verschiedene Bereiche von Gesellschaft, im Konkreten für die Betroffenen rechter Gewalt. Ab 2.2. wenden wir uns der Sozialen Arbeit in der Gegenwart zu. Hier stellen wir unterschiedliche Bereiche (frühkindliche Pädagogik, Jugendarbeit, familienunterstützende Hilfen, Schutz vor häuslicher Gewalt, Pflege) Sozialer Arbeit vor. Fallspezifisch fragen wir immer wieder nach möglichen Zusammenhängen der Konstruktion einer „unpolitischen, weiblichen" Sozialen Arbeit und der Nicht-Wahrnehmung von Rechtsextremismus bzw. rechtsextremen Frauen. Wir diskutieren konkrete Praxisbeispiele und zeigen Handlungsmöglichkeiten im Umgang mit diesen Phänomenen auf. Im letzten Unterkapitel (2.3.) widmen wir uns dem Thema des Umgangs mit Rechtsextremismus bzw. mit rechtsextrem organisierten oder orientierten Studierenden an Ausbildungsstätten (Hochschulen, Universitäten, Fachschulen). Auch hier orientieren wir uns an konkreten Fallbeispielen und entwickeln mögliche Strategien, die sich an den Bedarfen von Praxis und Disziplin orientieren. Wir schließen unsere Veröffentlichung mit einem Fazit.

1. Der historische Blick

1.1. Die Konstruktion Sozialer Arbeit als weiblich und unpolitisch in Deutschland

In diesem Kapitel beschäftigt uns die Frage, inwieweit bereits der Beginn der Professionalisierung Sozialer Arbeit mit einer Entpolitisierung derselben einhergegangen ist. In der Auseinandersetzung hiermit fokussieren wir das Konzept der „organisierten Mütterlichkeit" und befragen es auf eine mögliche entpolitisierende Wirkung. Das machen wir, da mit diesem Konzept spezifische Konstruktionen von Weiblichkeit einhergehen, die ungeachtet ihrer Historizität auch heute noch im Bereich der Sozialen Arbeit eine Rolle spielen. Bis heute hält sich ein Mythos über Soziale Arbeit als eine unpolitische Profession in verschiedenen Praxisfeldern. Unsere These ist, dass spezifische Konstruktionen von Weiblichkeit nicht nur zu einer bestimmten Form der Wahrnehmung Sozialer Arbeit beitragen, sondern auch die Fokussierung rechtsextremer Frauen in dem Feld erschweren.

Für die Auseinandersetzung mit der Frage nach dem Mythos einer unpolitischen Sozialen Arbeit ist es wichtig, unser Politikverständnis darzulegen. Wir gehen davon aus, dass Politik bzw. politische Räume weit über den Bereich der Parteipolitik hinausgehen. Auch unsere demokratische Gesellschaft ist von Normierungen und Machtverhältnissen geprägt, denen politische Auswirkungen immanent sind. Nicht umsonst haben feministische Bewegungen und Aktivist_innen in Westeuropa und Nordamerika Ende der 1960er Jahre mit dem Slogan: „Auch das Private ist politisch!" auf die Auswirkung sexistischer Politiken aufmerksam gemacht. Mittlerweile hat sich im öffentlichen Diskurs ein Verständnis durchgesetzt, demzufolge Gesellschaft in ihren verschiedenen Bereichen politisch geprägt ist. Autoritäre Gesellschaftsformen bedienen sich der Konstruktion von privaten, unpolitischen, sozialen Räumen, um Herrschafts- und Machtverhältnisse (z. B. entlang von Klassismus, Rassismus, Sexismus) zu verschleiern. Gleichzeitig gibt es jedoch in autoritären Gesellschaften, wie es sich am Beispiel des Nationalsozialismus und auch innerhalb der Ideologie der „modernen" rechtsextremen Konstruktion von „Volksgemeinschaft" darlegen lässt, keine „unpolitischen" Räume. Vielmehr werden vorhandene Geschlechterkonstruktionen (über die „unpolitischen", „weiblichen", „sozialen" Rollen (von Frauen) und Räume (z. B. die der Sozialen Arbeit) instrumentalisiert, um rechtsextreme Ideologie zu normalisieren.

Der Beginn der Professionalisierung Sozialer Arbeit und das Konzept der „organisierten Mütterlichkeit“

Mit Beginn der Professionalisierung Sozialer Arbeit[11] wurden (bürgerliche) Frauen als Erwerbstätige erstmals sichtbar. Industrie- und Landarbeiterinnen hatte es aufgrund ökonomischer Zwänge der proletarischen und bäuerlichen Klassen schon länger gegeben. Diese verfügten aber über keine qualifizierte Ausbildung und waren u. a. auch von daher immer als erste von möglichen Entlassungen betroffen, zudem befanden sie sich am unteren Ende der Lohnskala. Die autoritäre Armenfürsorge im Kaiserreich hatte noch fast ausschließlich in den Händen wahlberechtigter Bürger gelegen, die ehrenamtlich[12] tätig waren. Folgen einer schnellen kapitalistischen Industrialisierung zeigten sich u. a. in Landflucht und Massenverelendung und hatten das traditionelle System der mildtätigen Armenfürsorge an ihre Grenzen und darüber hinaus geführt. Die Verbürgerlichung der Gesellschaft und damit auch die Einführung des Konzeptes der bürgerlichen Familie mit seiner starren Trennung in private, weibliche und öffentliche, männliche Bereiche hatte „anständige“ Frauen auf den Bereich der Familie verwiesen. Diese Aufteilung war mit der Verwissenschaftlichung der Differenz begründet und legitimiert worden.[13] Die Möglichkeit einer Erwerbstätigkeit wurde als Angriff auf dieses Konzept verstanden. Der Frauenbewegung[14], die sich für die Bildung von Frauen und einen qualifizierten Zugang zum Erwerbsleben einsetzte, war bewusst, dass sie sich mit diesen Forderungen gegen den gesellschaftlichen Mainstream stellte. Das Konzept der „organisierten Mütterlichkeit“ bot einen Ausweg: Das sich neu entwickelnde Feld der professionellen Fürsorge wurde mit biologischen

11| Peter Hammerschmidt führt an, dass sich Soziale Arbeit aus zwei Traditionssträngen entwickelt hat: aus der Sozialpädagogik und aus der Sozialarbeit. Für die spezifische Ausformung von Sozialarbeit benennt er drei soziale Bewegungen: *„a. die bürgerliche Sozialreform, b. konfessionelle Bewegungen (...) c. die bürgerliche Frauenbewegung“* (Hammerschmidt 2010: 25f.).

12 | Bei dieser „Ehrenamtlichkeit“ handelte es sich nicht um ein freiwilliges Engagement. Die Nicht-Übernahme dieser ehrenamtlichen Ämter konnte zum Verlust der Bürgerrechte führen (Hammerschmidt 2010: 27).

13 | Zur Verwissenschaftlichung der Differenz und der Herausbildung der spezifischen Geschlechtscharaktere vgl. Hausen 1976.

14 | Für die erste deutsche Frauenbewegung sind unterschiedliche Strömungen auszumachen. Es gab neben dem „bürgerlichen“ oder „gemäßigten“ Teil der Frauenbewegung auch die „proletarische“ und „radikale“ Frauenbewegung. Nicht umsonst wird der bürgerliche oder gemäßigte Teil auch als „Frauenbildungsbewegung“ bezeichnet. Die proletarische Frauenbewegung stand dem Engagement bürgerlicher Frauen für die unteren Klassen grundsätzlich skeptisch gegenüber. Proletarische Familien waren auf die Lohnarbeit von Frauen angewiesen. Gleichwohl es von daher den proletarischen Frauen auch immer um monetäre Fragen ging, teilten auch sie das Konzept der „geistigen“ oder „organisierten Mütterlichkeit“.

Zuschreibungen von Frauen verknüpft. Frauen mit ihrer Fähigkeit zur Mütterlichkeit, sei es nun die biologische oder die professionelle, waren von daher qua „Natur" in der Lage, sich um Not und Elend der unteren Klassen zu sorgen und Armen zu „helfen". Diese biologistische Verknüpfung machte die Forderung der Frauenbewegung weniger angreifbar. Gerade mit der Betonung ihrer „wesensgemäßen" Eigenschaften forderten sie gesellschaftliche Partizipation ein. Der „weibliche Kultureinfluss" sollte die gefühllose, bürokratische und industrialisierte Welt wärmer machen, die Klassen miteinander versöhnen und so zur Lösung der sozialen Frage beitragen. Unmittelbare Folge war, dass das Thema „soziale Ungleichheit" seines politischen Kontexts entkleidet und suggeriert wurde, die „Soziale Frage" könnte ohne tiefgreifende gesellschaftliche Veränderungen gelöst werden.

Auch in der Auseinandersetzung mit einer Pionierin Sozialer Arbeit in Deutschland, Alice Salomon, wird deutlich, wie zentral das Konzept der „organisierten Mütterlichkeit" für die Professionalisierung gewesen ist. Die US-amerikanische Historikerin Ann Taylor Allen, die in ihrer Studie den Zusammenhang von Mütterlichkeit und Feminismus in Deutschland untersucht hat, beschreibt das Wirken Salomons wie folgt: *„Salomons Konzept organisierter Mütterlichkeit war ein Versuch, [...] Zweifeln und Sorgen zu begegnen, indem sie eine bestimmte Rolle für Mittelschichtsfrauen bei der Überwindung des Klassengegensatzes vorsah"* (Allen 2000: 293). Christoph Sachße beschreibt den Begriff als weibliche Strategie im Kampf um die gleichen Rechte:

„‚Organisierte Mütterlichkeit' ist eine Metapher für den Versuch von Frauen, gleichberechtigt an der Entwicklung und den Privilegien der männlichen Kultur teilzunehmen, ohne ihre weibliche Identität aufgeben zu müssen" (Sachße 1986: 222). Ungeachtet der Heterogenität der Frauenbewegung, herrschte über das Konzept der geistigen oder organisierten Mütterlichkeit Einigkeit. Ob von Vertreterinnen des gemäßigten Flügels, zudem auch Alice Salomon zu zählen ist, oder „Radikalen" wie Helene Stöcker und bis hin zu sozialistischen Frauen wie Marie Juchazs (die spätere Begründerin der Arbeiterwohlfahrt/AWO), für alle lag die besondere, „wesensgemäße" Eignung von Frauen für den Bereich der Sozialen Arbeit (für die Fürsorge) in ihrer (organisierten) Mütterlichkeit begründet.

Dass es zu Beginn der Professionalisierung Sozialer Arbeit auch Konzepte gegeben hat, die weniger stark auf die „organisierte Mütterlichkeit" und die wesensgemäßen Eignungen von Frauen für diesen Beruf Bezug genommen haben, belegt der Blick in die USA. So standen beispielsweise für Jane Addams und Ellen Gates Starr – Pionierinnen der Sozialen Arbeit in den USA – Fragen nach einer interkulturellen Perspektive und der Partizipation migrantischer Zielgruppen in den Sozialraum/das Gemeinwesen im Mittelpunkt. Außerdem verknüpften sie von Beginn an in den ersten Settlements Soziale Arbeit mit einem forschenden Blick (Braches-Chyrek 2013; Weinbach 2003).

Infolge der beschriebenen Entwicklungen etablierte sich in Deutschland der Beruf der Fürsorgerin. Für die Fürsorgerinnen galt (wie auch für Lehrerinnen) das Zölibat, diese mussten also mit Verheiratung aus dem Beruf ausscheiden. Das Zölibat der erwerbstätigen Frauen bildete die Grundidee des Konzeptes der „organisierten Mütterlichkeit": (Bürgerliche) Frauen sollten ihre „weiblichen" Tugenden entweder der eigenen Familie oder der Gesellschaft zur Verfügung stellen. Es waren hiermit bürgerliche Weiblichkeitskonzepte[15], die dem Selbstverständnis von Sozialer Arbeit zugrunde gelegt wurden. Die Strategie der „geistigen Mütterlichkeit" – mit dem Ziel, einen qualifizierten Frauenberuf zu etablieren – erwies sich als erfolgreich: Bereits vor dem Ersten Weltkrieg, spätestens im Ersten Weltkrieg wurden Frauen als Fachkräfte Sozialer Arbeit, als Fürsorgerinnen gesucht.[16] Das war insofern auch nicht verwunderlich, als dass das Engagement der Pionierinnen, u. a. von Alice Salomon, zu einer beruflichen Qualifizierung von Frauen für die Soziale Arbeit geführt hatte. Damit wurde auch ein wichtiger Beitrag zur Professionalisierung Sozialer Arbeit[17] geleistet.[18] Die Fokussierung auf die „wesensgemäße" Eignung hatte auch zur Folge, dass Fürsorgerinnen als „Klassenversöhnerinnen" nicht die Frage nach einer grundsätzlichen gesellschaftlichen Veränderung stellten, sondern sich „wesensgemäß" in das Wohlfahrtssystem einfügten. Insofern ist zu fragen, inwieweit das Weiblichkeitskonzept der „organisierten Mütterlichkeit" zur Entpolitisierung des Berufs der Fürsorgerin beigetragen hat. Festzustellen bleibt, dass es bereits zu Beginn der Professionalisierung in Deutschland als unabdingbarer Bestandteil in das berufliche Selbstverständnis und den beruflichen Ethos eingeschrieben wurde. Gleichzeitig ist anzuerkennen, dass u. a. für Salomon das

15 | Es handelt sich um Konzepte, die sich auch in Vorstellungen über Sexualität von proletarischen Weiblichkeitskonzepten unterschieden. An dieser Stelle sei darauf hingewiesen, dass die Fürsorge von bürgerlichen, zölibatär lebenden Frauen ausgeübt wurde. Ihnen gegenüber stand eine proletarische oder subproletarische Klientel, deren Vorstellungen von Sexualität sich von bürgerlichen unterschieden. Diese Frauen galten oft als „unmoralisch". Eine wichtige Aufgabe sahen bürgerliche Fürsorgerinnen darin, die „gefallenen Mädchen" vor sich selbst zu „retten". Dies sollte grundsätzlich durch harte Arbeit geschehen (zur Diskussion über die Einführung repressiver fürsorgerischer Praxen gegenüber diesen Frauen und Mädchen in der Weimarer Zeit vgl. u. a. Lehnert 2003: 121–130).

16 | Zur Bedeutung des Ersten Weltkriegs für die Professionalisierung von Sozialer Arbeit als Frauenberuf vgl. Sachße 1986.

17 | Gegen Ende des Ersten Weltkriegs war es Salomon gelungen, die bestehenden 14 Sozialen Frauenschulen in der von ihr 1917 gegründeten „Konferenz der sozialen Frauenschulen Deutschlands" zu organisieren (Hammerschmidt 2010: 31, 36).

18 | Die zumeist bürgerlichen Frauen wurden in einer dreijährigen Ausbildung auf ihren späteren Beruf vorbereitet. An eine zweijährige qualifizierte theoretische Ausbildung, die relevante Bezugswissenschaften wie Politik, Pädagogik oder Recht umfasste, schloss sich ein einjähriges Berufspraktikum an.

berufliche Selbstverständnis von einer ethischen Grundhaltung geprägt war, die mitnichten als eine unpolitische zu bezeichnen ist. Juliane Sagebiel führt dazu aus: *„In vielen ihrer Schriften hat Salomon ausführlich immer wieder auf die zentralen Werte der Sozialen Arbeit wie Frieden, Gleichheit, Verantwortung, soziale Gerechtigkeit hingewiesen [ ]. Diese Werte sollten für alle Sozialarbeitenden die verbindlich ethische Grundhaltung darstellen"* (Sagebiel 2010: 52f.).

Mit dem Beginn der Weimarer Republik kommt es zu einem Paradigmenwechsel innerhalb des Fürsorgesystems. Der Paradigmenwechsel bestand in einem allgemeinen Anspruch auf Fürsorge: *„Der Staat sah sich zur Fürsorge verpflichtet, [ ]. Die Pflicht des Staates zur Fürsorge transportierte das Recht jedes Individuums auf staatliche Unterstützung in Notfällen. Im Gegensatz hierzu hatten staatliche Unterstützungen im Kaiserreich stets den Charakter von Almosen"* (Lehnert 2003: 67). Das veränderte Selbstverständnis des Staates stellte die Grundvoraussetzung für die Einführung innovativer fürsorgerischer Praxen dar. Demokratische Fürsorgepolitiker_innen traten mit einem neuen Konzept der Sozialen Fürsorge an. Republikweit wurden kommunale und länderbezogene Wohlfahrtsstrukturen aufgebaut, Jugendämter, Gesundheitsämter und Familienfürsorge flächendeckend institutionalisiert. Fachkräfte waren gesucht und die Absolventinnen der Sozialen Frauenschulen erwiesen sich als gut qualifiziert für das neue System der individualisierten Sozialen Fürsorge.

Trotz des vollzogenen Paradigmenwechsels und im Widerspruch zu einer individualisierenden Fürsorge wurde durch ein rechtlich abgesichertes Differenzierungssystem[19] oder Zweiklassensystem in „gehobene" und „einfache" Fürsorge[20] unterschieden. Zusätzlich wurden Empfänger_innen einfacher Fürsorge in „würdige" und „unwürdige"[21] unterteilt. Ungeachtet ihrer qualifizierten Ausbildung und dem vorhandenen Bedarf an gut ausgebildeten Fachkräften war es u. a. dem beruflichen Selbstverständnis als „Klassenversöhnerinnen" (Zeller 1994: 98ff.) mit der Fokussierung auf die

---

19 | Rechtliche Grundlagen stellten die Reichsfürsorgepflichtverordnung (RFV) von 1924 und die „Reichsgrundsätze über Voraussetzung, Art und Maß der öffentlichen Fürsorge" (RGr) desselben Jahres dar.

20 | Nach dem Ersten Weltkrieg waren auch Klein- und Sozialrentner_innen durch den Verlust an Kriegsanleihen und durch die erste große Inflationswelle zu Anfang der Weimarer Republik besonders auf die Unterstützung durch Fürsorge angewiesen. Da diese neue Klientel nicht mit der herkömmlichen auf eine Ebene gestellt werden sollte, erhielt sie „gehobene" Sätze – im Gegenzug hierzu erhielt die herkömmliche Klientel „einfache" Sätze (Lehnert 2003: 69).

21 | Laut RGr waren „würdige" Hilfsbedürftige unverschuldet in Not geraten und zeigten darüber hinaus auch Motivation, sich wieder ins Erwerbsleben zu integrieren. „Unwürdig" war der Hilfsbedürftige dann, wenn „Arbeitsscheu" vorlag: *„(...) bei Arbeitsscheu oder offenbar unwirtschaftlichem Verhalten (...) ist das Maß der Fürsorge auf das zur Fristung des Lebens Unerläßliche zu beschränken"* (§13, RGB I, 1924 zitiert in Lehnert 2003: 69).

„wesensgemäße" Eignung für den Beruf der Fürsorgerin geschuldet, dass sich Fürsorgerinnen am untersten Ende der Wohlfahrtshierarchie wiederfanden. Gegenüber den schlechter ausgebildeten – aber besser bezahlten – männlichen Wohlfahrtsbeamten im Innendienst verfügten sie über wenig bis keine Entscheidungskompetenz. Diese Problematiken – die Kategorisierungen von Fürsorgeempfänger_innen und die geringere Wertschätzung gegenüber weiblichen Fachkräften – verschärften sich zum Ende der Weimarer Republik: Die katastrophalen Folgen der Weltwirtschaftskrise hatten zum endgültigen Scheitern des Systems der Sozialen Fürsorge geführt.[22]

Das berufliche Ethos der Fürsorgerinnen hatte sich als mitverantwortlich für die miserable berufliche Situation der Fürsorgerinnen erwiesen. Zugeschriebene weibliche Eigenschaften wie „sich-opfern", „erdulden" und „dienen" waren zu „normalen" Eigenschaften von Fürsorgerinnen geworden und hatten diese die prinzipiell unhaltbaren Zustände akzeptieren lassen.[23] Das Festhalten an einem Ethos, der auf die wesensgemäße Eignung von Frauen fokussierte, hatte eine weitere Folge: Die reale Not der Klient_innen wurde individualisiert. Damit einhergehend geriet der gesamtgesellschaftliche Kontext von sozialer Ungleichheit außer Acht; verstärkt wurde so die Annahme von Sozialer Arbeit als „unpolitisches Helfen". Welche fatalen Folgen ein derartiges berufliches Selbstverständnis in der weiteren historischen Entwicklung hatte, zeigt die Auseinandersetzung mit dem Thema Soziale Arbeit in der nationalsozialistischen Zeit.

1.2. Die Beteiligung von Fürsorgerinnen im Nationalsozialismus

Die fürsorgende/sozialarbeiterische Arbeit (und die in der Sozialen Arbeit tätigen Frauen) waren auch für das nationalsozialistische System und für die

22 | Ein relevanter Faktor für das Scheitern wird u. a. von Uwe Lohalm in der Abhängigkeit der öffentlichen Fürsorge von der wirtschaftlichen Situation des Staates gesehen (Lohalm 1992: 72).

23 | Auskünfte über Arbeitsbedingungen von Fürsorgerinnen geben Ergebnisse einer Umfrage des Preußischen Volkswohlfahrtsministeriums von 1925. Außerdem gibt es wiederholte Forderungen des Berufsverbandes sowie die berufsbiografische Veröffentlichung von Hedwig Stieve „Tagebuch einer Fürsorgerin" (1925). Diese zeichnen ein Bild von unterbezahlten, von steigenden Fallzahlen überforderten Fürsorgerinnen, die nicht nur 50 Stunden oder mehr die Woche arbeiteten, sondern in der Regel bei jedem Wetter und auch im Winter mit dem Fahrrad teilweise sehr lange Strecken zurücklegen mussten und selbst über keine gute Gesundheit verfügten. Der schlechten Bezahlung und Absicherung geschuldet, wurden Fürsorgerinnen nicht selten nach dem teilweise verfrühten Ausscheiden aus dem Beruf selbst zu Fürsorgeempfängerinnen (Lehnert 2003: 76ff.).

nationalsozialistischen Wohlfahrtsbehörden von großer Wichtigkeit. Die Relevanz für das System generell, die Notwendigkeit von erwerbstätigen Frauen innerhalb von Fürsorge im Besonderen erkennen die nationalsozialistischen Machthabenden von Beginn an, was sich aus verschiedenen Erlassen ableiten lässt: Unmittelbar nach den ersten explizit auch gegen Frauen gerichteten Entlassungswellen[24] (Gesetz zur Wiederherstellung des Berufsbeamtentums und die Kampagne gegen „Doppelverdiener") ergingen Erlasse, Fürsorgerinnen nicht zu entlassen. Ein Erlass des Reichsministeriums des Innern (RMDI) vom Oktober 1933 weist begründend auf die „besondere Eignung von Frauen für die Bereiche der Fürsorge" hin und fordert sogar deren Wiedereinstellung (Lehnert 2003: 161).

Die Protagonistinnen der „organisierten Mütterlichkeit" hatten sehr wahrscheinlich ein anderes Bild von der Aufwertung der Gesellschaft durch „Hebung des weiblichen Kultureinflusses". Gleichwohl konnte im Nationalsozialismus an genau dieses Konzept angeschlossen werden. So wollte man auf die spezifischen Kompetenzen der Fürsorgerinnen nicht verzichten. Insbesondere ihre Nähe zur Bevölkerung, die Kenntnis der Klientel prädestinierte sie für die Ausführung und Umsetzung eines weiteren Paradigmenwechsels innerhalb des Fürsorge- und Wohlfahrtssystems: Die gesamte Soziale Arbeit wurde entlang der Kriterien von „Erb- und Rassenpflege" (neu) organisiert. Bezugsrahmen für alle Tätigkeiten innerhalb von Sozialer Arbeit wurde die „gesunde, arische, deutsche Volksgemeinschaft". Aus diesem Paradigmenwechsel ergaben sich teilweise neue fürsorgerische Tätigkeiten: So hatten Familienfürsorgerinnen in Hamburg – und damit unterschied sich der Umgang nicht wesentlich von anderen deutschen Städten – auch die Aufgabe, fürsorgerische Gutachten zu erstellen, die als Grundlage für die Bestimmung der „Wertigkeit" dieser Familien dienten. Reichsweit „unterstützten" Familienfürsorgerinnen Frauen und Männer beim Ausfüllen der erbbiologischen „Erb- und Rassetafeln". Fürsorgerische Gutachten hatte es bereits in der Zeit der Weimarer Republik gegeben. Wir hatten bereits weiter oben (vgl. Fußnote 21) darauf hingewiesen, dass das damalige Wohlfahrtssystem auf einer Differenzierung in „würdige" und „unwürdige" Klient_innen beruhte. Auch der Diskurs über den Begriff der „Minderwertigkeit" und die „zu teuren Minderwertigen" für die öffentliche Fürsorge (Reyer 1991, Glensk/Rothmaler 1992) hatte bereits in der Weimarer Zeit begonnen und erfreute sich über unterschiedliche politische Parteien hinweg und auch in der Frauenbewegung großer Beliebtheit.

Der Paradigmenwechsel vollzog sich auf zwei Ebenen: Einerseits wurde die unterstellte „Minderwertigkeit" (synonym verwandt für den Begriff der

24 | Die Verordnungen richteten sich zu allererst gegen Juden und Jüdinnen und gegen politische Gegner_innen des Nationalsozialismus.

„Asozialität") der Klient_innen nunmehr ausschließlich erbbiologisch und rassenhygienisch hergeleitet. Andererseits waren die Folgen für die Menschen, die mit dieser Kategorie stigmatisiert wurden, härter: Eine rassenhygienische Verortung bedeutete, dass die Person für immer als „minderwertig" galt, (es waren keine Methoden von Sozialer Arbeit vorgesehen, den Menschen zu „(ver)bessern" oder zu mehr Teilhabe am gesellschaftlichen Leben zu befähigen) und sie entlang erbbiologischer Kriterien dieses Erbgut an die nächste Generation weitergeben konnte. Sozial nicht gewünschtes Verhalten („asoziales") wurde als unveränderbar festgeschrieben. Dieses sozialrassistische Denken äußerte sich u. a. im „Gesetz zur Verhütung erbkranken Nachwuchs" (Lehnert 2003: 101ff.).[25] Eine weitere Veränderung im fürsorgerischen/sozialarbeiterischen Denken fand sich auch in der Konstruktion einer möglichen „Schädigung" der „Volksgemeinschaft". Diese wurde nicht nur in einer möglichen Weitergabe des Erbguts gesehen, sondern auch in dem generellen Verhalten der als „asozial" stigmatisierten Menschen. Die Zuschreibung der „Volksschädigung" oder eines „gemeinschaftswidrigen Verhaltens" bildete wiederum die Grundlage für die Anordnung weiterer fürsorgerischer Zwangsmaßnahmen. Fürsorgerische Einschätzungen und Gutachten, die in der Regel „soziale Prognosen" enthielten, stellten den Ausgangspunkt für viele repressive fürsorgerische und sozialpolitische Maßnahmen dar. Sie galten unabhängig davon, ob es die Einweisung ins Arbeitshaus oder in Arbeitslager/Jugend-Konzentrationslager oder die Anordnung von Zwangssterilisationen betraf.[26]

Wie wichtig die Nähe zur Bevölkerung (und damit auch die „sozialen Kompetenzen", sich den Klient_innen zu nähern und „in Beziehung zu gehen") der Fürsorgerinnen für die nationalsozialistischen Behörden war, offenbart sich in einem weiteren Handlungsfeld der Familienfürsorgerinnen in Hamburg: Seit Beginn des Zweiten Weltkriegs gehörte es zu ihren Aufgaben, „Stim-

25 | Nach wie vor ist die Auseinandersetzung mit den Opfern der nationalsozialistischen Fürsorgepolitik als randständig zu bezeichnen. Neben einigen wenigen anderen hat sich Wolfgang Ayas schwerpunktmäßig mit den männlichen Opfern dieser Politik auseinandergesetzt (Ayas 1995). Christa Schikorra (2001) widmet sich in ihrer Studie der Verfolgung „asozialer" Frauen, Detlev Peukert hat sich mit der Verfolgung von „asozialen" Jugendlichen auseinandergesetzt (1989).

26 | Die Bestimmung der (erbbiologischen) „Wertigkeit" bzw. im Bereich der öffentlichen Fürsorge die „Minderwertigkeit" unterlag zusätzlich geschlechtsspezifischen Zuschreibungen. Die Feststellung der „Minderwertigkeit" von Frauen orientierte sich stark an deren Sexualität bzw. unterstellter Sexualität. „Auffälligkeiten" auf diesem Gebiet wurden verstärkt unter die Kategorie „moralischer Schwachsinn" gefasst. Anders als bei Männern, hier war es die Arbeitsfähigkeit, wurden Frauen anhand von Einschätzungen über ihr Sexualleben be- oder verurteilt. Interessanterweise blieb die bürgerliche Aufteilung in gute und schlechte Frauen („private" und „öffentliche" Frauen) von zentraler Bedeutung für die Beurteilung.

mungsberichte“ zu erstellen und dort festzuhalten, wie es um den Zustand der „inneren Front“/der Heimatfront bestellt war. Der Leiter der Hamburger Fürsorgebehörde, Oskar Martini, wollte auf diese Berichte bis kurz vor Kriegsende nicht verzichten, ungeachtet des immer größer werdenden Bedarfs von Fürsorgerinnen für die Bewältigung zusätzlicher kriegsfürsorgerischer Aufgaben (z. B. Versorgung der ausgebombten Bevölkerung).[27]

Diese Beispiele belegen, dass es sich bei den Tätigkeiten nicht um „unpolitische“ Soziale Arbeit gehandelt hat. Deutlich wird vielmehr, dass die Indienstnahme von Fürsorgerinnen funktionieren konnte. Wir konnten zeigen, dass nicht zuletzt das spezifische berufliche Selbstverständnis der Fürsorgerinnen dazu geführt hatte, dass diese die nationalsozialistische Sozialpolitik mit ihrem rassenhygienischen Menschenbild umsetzen konnten. Ungeachtet blieben die mitunter tödlichen Folgen für die davon Betroffenen. Ralph Amthor fasst die Beteiligung wie folgt zusammen: *„In allen Arbeitsfeldern der damaligen Sozialen Arbeit – von der Vorschulerziehung, Fürsorgeerziehung und Jugendpflege über die Familienhilfe, Erziehungsberatungsstellen und Säuglingsfürsorge bis hin zur Arbeit in den Gesundheitsämtern, Krankenhäusern und in der Anstaltsfürsorge – wurden Angehörige sozialer Berufe zu stillen Beobachtern, Mitläufern und Zeugen, vielfach aber auch zu Unterstützern, Kollaborateuren oder sogar aktiven Tätern, sahen, wie man Kinder und Jugendliche, erwachsene und alte Mitbürger – allein aufgrund ihres jüdischen Glaubens, politischer Überzeugung, einer Behinderung, Erkrankung oder aufgrund anderer Hilfsbedürftigkeit – immer größeren Benachteiligungen, Verleumdung und Hetze, schließlich schärfsten Diskriminierungen sowie allgegenwärtiger Verfolgung, brutalen Übergriffen und gnadenloser Deportation unterwarf. Alle Erwerbstätigen in der damaligen Sozialen Arbeit waren in ihrem konkreten Alltagsleben unmittelbar mit Gräueltaten und Verbrechen konfrontiert“* (Amthor 2015: 268). Angesichts der beschriebenen Praktiken lassen sich grundsätzliche Fragen über den Charakter von Sozialer Arbeit/Fürsorge stellen. Und es lässt sich fragen, welche Implikationen sich hiermit für spezifische Konstruktionen von Weiblichkeit ergeben, die dem beruflichen Selbstverständnis zugrunde lagen. In diesem Kontext verweist Claudia Brunner auf den Zusammenhang von spezifischen Weiblichkeitskonstruktionen und der Möglichkeit, Verantwortung abzugeben: *„Als besonders geeignete Fürsorgerin galt, wenn es gelang, die eigene Persönlichkeit hinter diesem ambivalenten Anforderungsprofil gänzlich zum Verschwinden zu*

---

27 | Wie wichtig Fürsorgerinnen für die Umsetzung der sozialrassistischen Fürsorgepolitik waren, wird auch in der Fachpresse der nationalsozialistischen Zeit benannt. So wurde im Nachrichtendienst – Zeitschrift des Vereins für öffentliche und private Fürsorge – von der Leiterin der Familienfürsorge in Kiel, von Harpe, die Notwendigkeit der Mitarbeit von Fürsorgerinnen beim Aufspüren „verdeckter Minderwertiger“ benannt (von Harpe 1939).

bringen und in der Rolle der mütterlichen Fürsorgerin aufzugehen, ohne Fragen nach der eigenen Verantwortung zu stellen" (Brunner 2000: 67).

1.3. Soziale und sozialpädagogische Arbeit nach 1945 in beiden deutschen Staaten – eine Zäsur?

In dem nun folgenden Unterkapitel möchten wir auf spezifische Kontinuitäten innerhalb von Fürsorge/Sozialer Arbeit nach 1945 in beiden deutschen Staaten hinweisen. Es lässt sich zeigen, welche Haltung und, daraus folgend, welche „Art des Helfens" durch die Konstruktion von Fürsorge/Sozialer Arbeit als Ort des „unpolitischen Helfens" weitergeführt werden konnte (und in Teilen Soziale Arbeit bis heute prägen). Wichtig ist uns, auf Gefahren von fortgesetzter Stigmatisierung, Ausgrenzung und Unterdrückung, die mit dieser Konstruktion einhergehen können, aufmerksam zu machen. Um das zu veranschaulichen, stellen wir Frauen vor, die nach 1945 in diesem Bereich tätig waren. In diesem Zusammenhang weisen wir darauf hin, dass hier einer doppelten Entpolitisierung Vorschub geleistet wird. Das geschieht dadurch, dass die sozialarbeiterischen Tätigkeiten von Frauen – und damit per se „unpolitischen" Menschen – ausgeführt werden. Außerdem gilt in diesem Zeitraum der Bereich der Fürsorge/Sozialen Arbeit/frühkindlichen Pädagogik als ein „weiblicher".

Nach 1945 ist es in beiden deutschen Staaten zu großen Veränderungen gekommen. In unterschiedlicher Art und Weise hat es Auseinandersetzungen mit dem Nationalsozialismus sowohl im sozialistischen, sich antifaschistisch verstehenden Staat DDR gegeben als auch in der Bundesrepublik, die sich an den westlichen Alliierten und den entsprechenden gesellschaftlichen Entwürfen parlamentarischer Demokratien orientierte. An dieser Stelle ist für uns nicht relevant, die verschiedenen Verläufe und Inhalte der gesellschaftlichen Auseinandersetzungen und ihre Leerstellen wiederzugeben. Wir konzentrieren uns in erster Linie auf den Bereich von Fürsorge/Sozialer Arbeit.

Zum Stand der Forschung

Bereits für die unmittelbare Nachkriegszeit fällt auf, dass der gesamte Bereich von Sozialer Arbeit und Fürsorge nicht zum Gegenstand von Diskussionen über Mitwirkung, Mittäter_innenschaft, Täter_innenschaft, Verantwortung etc. wurde. Viel später und sehr verzögert setzt eine Debatte ein: Die wissenschaftliche Auseinandersetzung mit der Verstrickung der eigenen Profession begann in der BRD in den Erziehungswissenschaften und der Sozialen Arbeit Mitte der 1980er Jahre mit einem Sammelband von Hans-Uwe Otto und Heinz Sünker (1986) – (zur Zusammenfassung der Forschungsstands vgl. Amthor

2015: 266f.). Zu Fragen der Profession bzw. der Fürsorgerinnen ist auf David Kramer (1983) sowie auf Angelika Ebbinghaus (1987), Stefan Schnurr (1997) und Esther Lehnert (2003) zu verweisen. Mit der Rolle männlicher Wohlfahrtspfleger hat sich Ernst Klee (1989) auseinandergesetzt. Für die Auseinandersetzung mit den Opfern von fürsorgerischem Handeln ist insbesondere auf Peukert (für Jugendliche), Ayas („asoziale" Männer) und Schikorra („asoziale" Frauen) hinzuweisen (vgl. Fußnote 25).

In Bezug auf die mangelnde Problematisierung von „weiblicher Täterschaft" stellt sich wiederum die Frage nach den Wirkungen spezifischer Stereotypisierungen, die die Auswirkungen von durch Frauen ausgeübte Tätigkeiten im Rahmen nationalsozialistischer (und rechtsextremer) Ideologie verschleiern und somit die Sicht für deren Verantwortung und Täter_innenschaft verstellen: *„Die Bilder, die wir heute vom Nationalsozialismus haben, sind in einem erheblichen Maße beeinflusst von den Verbrechen und dem millionenhaften Mord an jüdischen Mitmenschen, der Verfolgung Oppositioneller, der Niederschlagung demokratischer Strukturen und dem gewalttätigen Terror der Diktatur. Hier könnte der Eindruck entstehen, dass ‚soziale Berufe' – verglichen mit Politikern, Juristen, Ärzten, Theologen, Wissenschaftlern oder anderen – keinen nennenswerten Einfluss auf die gesellschaftlichen Entwicklungen und Verbrechen hatten, zumal die diesbezügliche Erwerbstätigkeit mehrheitlich von Frauen ausgeübt wurde"* (Amthor 2015: 266).

Mit Beginn der Frauenforschung (und in der Weiterentwicklung zur Geschlechterforschung) nahmen Historikerinnen und Sozialwissenschaftlerinnen das Verhalten von Frauen im Nationalsozialismus in den Blick. Diese Auseinandersetzung wurde 1977 mit dem Aufsatz von Annemarie Tröger eingeleitet, mit dem sie das bisher weit verbreitete Vorurteil, es wären Frauen gewesen, die Hitler an die Macht gebracht hätten, widerlegte (Tröger 1977). Im Folgenden war die Auseinandersetzung davon bestimmt, Frauen als Unterdrückte des Nationalsozialismus, der als „Extremform des Patriarchats begriffen wurde" (Frauen gegen Antisemitismus 1993) darzustellen. Die umfassende Studie von Gisela Bock über Zwangssterilisationen arbeitete als erste Zusammenhänge von sozialem Rassismus und Frauenpolitik heraus (Bock 1986). In Deutschland war Angelika Ebbinghaus eine der ersten, die sich entschieden gegen diese These wandte. Sie konnte nachweisen, dass sich Frauen aktiv an der Durchsetzung nationalsozialistischer Gesundheits- und Sozialpolitik beteiligt hatten (Ebbinghaus 1987). Parallel zur Ausweitung historischer Studien entwickelte Christina Thürmer-Rohr das „Mittäterschaftskonzept". Kern des Konzeptes war der Gedanke, dass sich Frauen auch freiwillig innerhalb des Patriarchats positionierten und in der Lage waren, sich die gesellschaftlichen Strukturen dahin gehend zu Nutze zu machen, andere – in der gesellschaftlichen Hierarchie niedriger stehende Frauen und Männer zu dominieren und zu diskriminieren (Thürmer-Rohr 1989: 87ff.). Forciert wurde die Auseinandersetzung über eine Täterinnenschaft durch die Studie der US-amerikanischen Historikerin Claudia Koonz. Diese hatte in ihrer Studie über die Beteiligung „normaler" Frauen („Mütter im Vaterland") deren Verstrickung nachgezeichnet und dargestellt, dass nicht-jüdische/nicht-zigane Frauen keinesfalls per se und qua Geschlecht als Opfer des Nationalsozialismus zu betrachten wären (Koonz 1994). Der infolge geführte „Historikerinnenstreit" zeichnete sich nicht nur durch die Einnahme unterschiedlicher Perspektiven aus, sondern kann auch als eine ideologische Auseinandersetzung zwischen differenzorientierten und Equal-Rights orientierten Feministinnen betrachtet werden (Frietsch/Herkommer 2009: 25ff.). Deutlich wurde, dass ein vereinfachendes Opfer-Täter_innen-Schema einer tiefergehenden Auseinandersetzung nicht gerecht wurde. Daraufhin wurde eine Reihe von Studien vorgelegt, die sich differenziert mit der komplexen und widersprüchlichen Rolle von Frauen und Mädchen im und für den Nationalsozialismus auseinandersetzten.[28] Darüber hinaus wurde die Frage nach der Art und Weise weiblicher Beteiligung und den dahinter liegenden Strukturen in weiteren Sammelbänden diskutiert (Gravenhorst/Tatschmurat 1990; Heinsohn/Vogel 1997). Frietsch und Herkommer fassen in ihrer Einleitung zum Sammelband „Nationalsozialismus und Geschlecht" die Entwicklung der letzten Jahrzehnte zusammen und stellen fest: *„Es wird als gegeben vorausgesetzt, dass nichtverfolgte deutsche Frauen sich in den verschiedenen Bereichen am nationalsozialistischen Herrschaftssystem beteiligten bzw. von ihm profitierten"* (Frietsch/Herkommer 2009: 33).

In der DDR stellte – aufgrund einer spezifischen ideologischen Verfasstheit – Fürsorge/Soziale Arbeit einen randständigen gesellschaftlichen Bereich dar. Ideologisch wurde davon ausgegangen, dass mit der weiteren Entwicklung des Sozialismus spezifische soziale Probleme wie Armut, Arbeits- oder Obdachlosigkeit in den Hintergrund gedrängt würden (und schließlich nicht mehr als gesellschaftlich relevante Probleme aufträten). Zudem wurde in der „Kollektiverziehung" der Anspruch formuliert, sich gesamtgesellschaftlich für die Probleme von Einzelnen, von Kindern und Jugendlichen, Alten etc. verantwortlich zu fühlen (Münder/Seidenstücker 1991; Nöthling 2009). Das Konzept der „Fürsorge" hatte in der DDR relativ lange Bestand. Mit dem Bild der „mütterlichen Fürsorgerin" wurde paternalistisch davon ausgegangen zu wissen, was gut für die Klient_innen sei (Müller 2006).

28 | So untersuchte beispielsweise Dagmar Reese die widersprüchliche Funktion des BDM für die Sozialisation von Mädchen und jungen Frauen (Reese 1989), Birthe Kundrus erforschte u. a. Privilegien der Soldatenfrauen (Kundrus 1995), Leonie Wagner untersuchte Einstellungen nationalsozialistischer Führerinnen (Wagner 1996) und Gudrun Schwarz setzte sich mit Rollen und Funktionen der Ehefrauen von SS-Männern auseinander (Schwarz 1997).

Die Situation der Nachkriegsfürsorge und der weiteren Entwicklung von Fürsorge/Sozialer Arbeit in der BRD erscheint im Vergleich hierzu besser beschrieben. Schilderungen der Fürsorge/Sozialer Arbeit (u. a. Sachße/Tennstedt 2012; Hausschild 2001; Nootbaar 1995) fokussieren insbesondere auf die Not der Klientel und heben den unermüdlichen Einsatz der Fürsorgerinnen hervor. Deutlich wird, dass es neben den Überlegungen, die sich um den Hunger und die Not drehten, einen Diskurs über eine möglichen „Verwahrlosung“ von Kindern und Jugendlichen gibt, der wiederum entlang geschlechtlicher Zuschreibungen geführt wird.[29] Die Studien über die Situation der Nachkriegsfürsorge in der BRD sowie eine Studie über Berufsbiografien von in der Sozialen Arbeit/Fürsorge Tätigen in der DDR (Müller 2006) weisen darauf hin, dass das Ideal der „mütterlichen Fürsorgerin“ in beiden deutschen Staaten im Bereich von Fürsorge/Sozialer Arbeit ungebrochen weiterbestand.

Diskontinuitäten – Fürsorgerinnen in Westdeutschland nach 1945

Die hier skizzierten Entwicklungen innerhalb von Fürsorge/Sozialer Arbeit nach 1945 in beiden deutschen Staaten sind insofern von Bedeutung für unsere Fragestellung, als dass auf die relativ bruchlos erscheinende Weiterführung fürsorgerischer Traditionen verwiesen wird. Welche Rolle eine spezifische Vorstellung vom professionellen Selbstverständnis von Fürsorge/Sozialer Arbeit 1. in Bezug auf den Mythos des „unpolitischen Helfens“ und 2. die Verstärkung desselben durch die Konstruktion eines „weiblichen“ Berufs hatte, wollen wir in der Beschreibung der beruflichen Entwicklung zweier Frauen exemplarisch zur Diskussion stellen: Wir richten den Blick auf die beruflichen Tätigkeiten und Karrieren von Käthe Petersen und Elisabeth Bamberger.[30] Da bislang keine Studien/Erkenntnisse über die unmittelbar nach 1945 anschließenden Tätigkeiten von Fürsorgerinnen in der DDR vorliegen, stellen wir zwei Frauen aus der BRD vor.

Bereits Angelika Ebbinghaus und Christiane Rothmaler haben die berufliche Karriere von Käthe Petersen im und nach dem Nationalsozialismus

---

29 | Die Diskussion über die „Jugendverwahrlosung“ und einen möglichen Verlust an Moral und Sittlichkeit mutet vor dem Hintergrund der nationalsozialistischen Gräuel und der durch und durch unmoralischen, menschenverachtenden Gesundheits-, Sozial- und Jugendpolitik merkwürdig an. Die Tatsache, dass diese Ungeheuerlichkeit nicht kritisch in den damaligen Fürsorgeberichten und der Presse reflektiert wird, weist auf die weltanschauliche Verfasstheit der damaligen Fürsorgerinnen und Berichterstatter_innen hin. Wichtig wäre es auch heute, diese Ambivalenz – die Grundannahme von Ethik und Moral in der nationalsozialistischen Zeit einerseits und den drohenden Verlust von Ethik, Moral und Sittlichkeit in der Nachkriegszeit der BRD andererseits – kritisch zu reflektieren.

30 | Die Auseinandersetzung mit beruflichen biografischen Informationen über konkrete Frauen dient auch zur Veranschaulichung des beruflichen Selbstverständnisses und Hinweisen auf Handlungsspielräume (vgl. auch Dünkel 2001: 8).

beschrieben (Ebbinghaus 1987; Rothmaler 1996). Käthe Petersen lebte von 1903–1981 und kam aus einem bürgerlichen Elternhaus. Sie war eine der wenigen Frauen, die bereits 1930 promovierten. Danach schlug sie die gehobene Beamtenlaufbahn in der Hamburger Sozialbehörde ein. Dass sie nicht aufgrund des bereits erwähnten nationalsozialistischen Gesetzes zur „Wiederherstellung des Berufsbeamtentums" als Frau entlassen wurde, verdankte sie der Fürsprache ihres Vorgesetzten Oskar Martini, Leiter der Hamburger Sozialbehörde. Sukzessive trat sie nationalsozialistischen Organisationen bei (Nationalsozialistische Volkswohlfahrt (NSV), NS-Frauenschaft, NS-Rechtswahrerbund, Reichsbund Deutscher Beamter) und wurde 1937 Mitglied der NSDAP. 1939 wurde sie als eine der wenigen Frauen zur Senatsrätin befördert und Leiterin der Gesundheits- und Gefährdetenfürsorge in der Hamburger Sozialbehörde.

Ihre besondere Aufmerksamkeit galt der „Betreuung" von „gefährdeten" Frauen und Mädchen (also von Frauen und Mädchen, die entweder der Prostitution nachgingen oder unter dem Verdacht standen oder sich auf andere Weise „sexuell auffällig" verhielten). Der Juristin Petersen ist es geschuldet, dass die Sozialbehörde Hamburg bei der „Bewahrung" dieser Frauen und Mädchen einen reichsweiten Sonderweg konstruierte. Mit dem Instrument der „Sammelpflegschaft" wurden tausende Fürsorgeempfänger_innen aufgrund „fürsorgerischer Kriterien" entrechtet. Die besondere „Leistung" von Petersen wurde auch von ihrem Vorgesetzten Oskar Martini beschrieben: *„Die Schaffung der Sammelpflegschaft praktisch als eine außerordentlich wirksame Methode der Sammelvormundschaft oder -pflegschaft für unterwertige Frauen, die in dieser Form in Deutschland einmalig durchgeführt ist, ist im wesentlichen das selbstständige Werk von Frau Dr. Petersen"* (Zitat in Rothmaler 1996: 107). Das Instrument der Sammelpflegschaft war u. a. deshalb entwickelt worden, weil es im Nationalsozialismus keine rechtliche Handhabe (wie z. B. ein Bewahrungsgesetz[31]) für eine auf Jahre (bis zu lebenslang) angelegte Einweisung von Fürsorgeempfänger_innen in Arbeitshäuser, Heime und Arbeitslager gegeben hatte. Als Sammelvormund fungierte Petersen für über 1.400 Frauen und Mädchen. Sie ordnete für die „sittlich haltlosen", „moralisch schwachsinnigen" Klientinnen Zwangssterilisationen, Einweisung in Arbeitshäuser und -lager, Einweisung in Konzentrationslager und Jugendkonzentrationslager an.

Ihrer Karriere nach dem Krieg hat ihr Engagement bei der Verfolgung dieser Frauen und Mädchen keinen Abbruch getan. Petersen war darüber hinaus ab 1941 auch für die Verfolgung von Sinti und Roma in Hamburg zuständig. Im Rahmen des Entnazifizierungsverfahrens wurde sie als „völlig unbelastet" eingestuft. So konnte sie auch nach dem Krieg weiter im Bereich der „Gefährdetenfürsorge" für eine andauernde Ausgrenzung und Unterdrückung von

31 | Zur Diskussion um ein Bewahrungsgesetz vgl. Lehnert 2003: 121f.

Frauen und Mädchen sorgen, die als „unmoralisch", „haltlos" oder „asozial" galten. 1947 veröffentlichte sie im Auftrag der Sozialverwaltung einen Überblick über die öffentliche Fürsorge in Hamburg seit 1938. Sie bagatellisierte in diesem Rahmen die Einschränkungen von Fördermaßnahmen für Klient_innen, die aufgrund der Kategorien „Rasse, Erbgesundheit oder ungeordneter Lebenshaltung" stigmatisiert waren. 1948 wurde sie Leiterin des gesamten Landesfürsorgeamtes Hamburg, 1949 Oberregierungsrätin, 1956 Leitende Regierungsrätin. 1965 wurde sie zur Leitenden Regierungsdirektorin befördert, bevor sie 1966 vom Landessozialamt Hamburg in ihre Pensionierung entlassen wurde. Zudem wurden ihr eine Reihe von wohlfahrtspolitischen und gesamtgesellschaftlichen Ehrungen zuteil. Außerdem war Petersen seit 1959 im Vorstand des Deutschen Vereins für öffentliche und private Fürsorge, dessen Hauptausschuss sie von 1970 an leitete.[32] Pflegschaften für „gefährdete Frauen" hatte sie bis zuletzt inne. Im Rahmen ihrer Fachveröffentlichungen nach 1945 wies sie immer wieder auf die Notwendigkeit von fürsorgerischen Zwangsmaßnahmen gegenüber „gefährdeten" Frauen und Mädchen hin. Die meisten der von ihr betreuten Klientinnen waren aufgrund der Interventionen von Petersen zwangssterilisiert. Nur wenige von ihnen haben den Nationalsozialismus überlebt. Viele von ihnen konnten die Anstalten auch nach 1945 nicht verlassen und sind dort verstorben.[33]

Die Quellenlage über Elisabeth Bamberger ist weniger ergiebig. Auch Elisabeth Bamberger kam aus einem bürgerlichen Elternhaus (1890–1984). Sie promovierte 1922 und trat danach als Oberpflegerin in die Wohlfahrtsverwaltung der Stadt München ein. Dort war sie zuständig für den Aufbau der städtischen Familienfürsorge. Sie wurde Leiterin der Familienfürsorge und blieb das auch während der gesamten nationalsozialistischen Zeit. Nach 1945 wurde ihr die kommissarische Leitung des Stadtjugendamtes München übertragen. Zeitweise wurde Bamberger in die Bezirksregierung von Bayern versetzt, 1950 jedoch rehabilitiert und in das Stadtjugendamt München rückversetzt. Bis zu ihrer Pensionierung 1955 leitete sie das Stadtjugendamt München. Bereits kurz nach dem Ende der nationalsozialistischen Herrschaft setzte sich Bamberger für ein Gesetz zur Schaffung von Arbeitserziehungsla-

32 | Großes Verdienstkreuz des Verdienstordens der Bundesrepublik (1973), Wichern-Plakette des Diakonischen Werkes (1966), Ehrenplakette der Stadt Frankfurt am Main (1978), Lorenz-Werthmann-Medaille der Caritas, Goldene Ehrenplakette des Paritätischen Wohlfahrtverbandes, Hans-Muthesius-Plakette des Deutschen Vereins (1980).

33 | So stand auch Käthe M. unter der Vormundschaft von Käthe Petersen: Sie durfte die Fürsorgeanstalt Hamburg Farmsen auch nach Kriegsende nicht verlassen: *„Unter dem Schreiben scheint lediglich das ‚Heil Hitler' zu fehlen."* (zitiert in Ebbinghaus 1996: 236). Käthe M. wurde bis 1961 geschlossen untergebracht, danach unterschrieb sie eine Freiwilligkeitserklärung (nach 26 Jahren Zwangsunterbringung). Bis zu ihrem Tod 1984 stand sie unter Vormundschaft (Ebbinghaus 1996: 236).

gern für Jugendliche ein. Wegen „sittlicher Verwahrlosung“ sollten „Arbeitsscheue“ und „Prostituierte“ dort untergebracht werden (Willing 2003: 215ff.). 1949 gründete Elisabeth Bamberger die Fachzeitschrift „Unsere Jugend“, die heute noch existiert. Außerdem war sie u. a. tätig in der „Arbeitsgemeinschaft für Jugendhilfe“, im Deutschen Verein für öffentliche und private Fürsorge, im Vorstand des Vereins Mutter- und Kinderschutz und im Vorstand des Deutschen Jugendinstituts. 1960 wurde Elisabeth Bamberger mit dem Bundesverdienstkreuz I. Klasse geehrt (Berger 1998: 55f.).

Aus der Analyse dieser Biografien lässt sich Verschiedenes lernen. Wir wollen nachvollziehbar machen, dass Fürsorge als unpolitisch und helfend gesehen wurde, unabhängig davon, was konkret zur nationalsozialistischen Zeit Inhalt der Tätigkeiten war. Dieser unkritische Blick hält, wie beschrieben, über mehrere Jahrzehnte gesamtgesellschaftlich und in den Fachwissenschaften an. Betrachtet man die Beteiligung von Fürsorgerinnen im Nationalsozialismus, so lässt sich anhand der nach wie vor weitgehend ungebrochenen positiven Bezüge auf einzelne Fürsorgerinnen vermuten, dass hier die Konstruktion „unpolitischer, weiblicher Fürsorge“ greift.

Als ein weiteres Beispiel kann der nach wie vor positive Bezug auf die „Mutter des Bewahrungsgedanken“, Agnes Neuhaus, gelten. Sie war eine der wenigen weiblichen Reichstagsabgeordneten. Die ehemalige Krankenhausfürsorgerin hatte sich in der Weimarer Republik als Fürsorgepolitikerin einen Namen gemacht. Sie konnte ihre Karriere im Nationalsozialismus und darüber hinaus fortsetzen. Noch heute ehrt der Sozialdienst katholischer Frauen Projekte im Rahmen der Agnes-Neuhaus-Stiftung (Maier 1998; SkF Stiftung Agnes Neuhaus 2016).

Der Bezug auf neuere Theorien Sozialer Arbeit und die Auseinandersetzung mit und die Anwendung von in erster Linie aus den USA stammenden sozialarbeiterischen Methoden in der BRD (Müller 2013) seit Mitte/Ende der 1950er Jahre führte zu Veränderungen. Es kam zu einer stärker werdenden Orientierung an der Sozialpädagogik. Infolge der Auseinandersetzung mit den 68ern und anderen Sozialen Bewegungen begann ein tiefgreifender Paradigmenwechsel innerhalb von Sozialer Arbeit in der BRD. Zu verweisen ist u. a. auf eine zunehmende Subjektorientierung durch z. B. die Theorie und das Konzept der Lebensweltorientierung von Hans Thiersch (2008), die Kritik an autoritären und disziplinierenden Erziehungsstilen (u. a. Kappeler 1971), die Entwicklung emanzipatorischer Werte und die Demokratisierung von Institutionen. Eine vergleichbare Entwicklung in der DDR hat es nicht – zumindest nicht in dieser Form – gegeben.

Ungeachtet dessen und ungeachtet der wichtigen Diskussionen um den per se politischen Charakter jeder Form von Sozialer Arbeit, erweist sich der Mythos des „unpolitischen Helfens“ als zäh. Auch wenn schon lange nicht mehr von der „organisierten Mütterlichkeit“ die Rede ist, bleiben weite Bereiche Sozialer Arbeit von weiblichen Konstruktionen geprägt. So führt Juliane Sagebiel dazu aus: „*Soziale Arbeit ist nach wie vor ein Frauenberuf, in dem sich die genderspezifische unfaire Schichtung und Arbeitsteilung zwischen produzierender und reproduzierender Tätigkeit in der Gesellschaft sozial, kulturell und ökonomisch widerspiegelt*" (Sagebiel 2010: 58).

Fazit

Mit dem Blick in die Geschichte der Professionalisierung von Sozialer Arbeit konnten wir zeigen, dass diese bereits in ihrer Entstehung von einer Entpolitisierung der eigenen Profession begleitet wurde. Maßgeblich dazu beigetragen hat das Konzept der „organisierten Mütterlichkeit" der Frauenbewegung. Die „organisierte Mütterlichkeit" begründete eine biologische, „natürliche" Eignung von Frauen für fürsorgende, pädagogische und helfende Berufe. Durch das Konzept konnte sich zwar einerseits die feministische Forderung nach Bildung und Zugang zum qualifizierten Erwerbsleben für Frauen legitimieren und, bezogen auf den Bereich der Fürsorge, durchsetzen. Andererseits führte dieser Biologismus zu einer Entpolitisierung. Die „weibliche" Arbeit der Fürsorgerinnen galt von Beginn an als versöhnende, friedliche Tätigkeit, die einem „männlichen" politischen Bereich gegenübergestellt wurde. Die bürgerliche Trennung von „privat" = „weiblich" und „politisch" = „männlich" konnte so aufrechterhalten bleiben. Politische Ambitionen von in der Fürsorge tätigen Frauen wie z. B. die Durchsetzung rassistischer oder klassistischer Interessen zum Nachteil der Klient_innen blieben unsichtbar und konnten mit den Stichworten „Fürsorge" und „Hilfe" verdeckt werden. Wie erfolgreich die Internalisierung eines unpolitischen weiblichen professionellen Selbstverständnisses gewesen war, wird für die Zeit der nationalsozialistischen Sozial- und Fürsorgepolitik fassbar: Fürsorgerinnen stellten ihre sozialarbeiterischen Kompetenzen in der allergrößten Mehrheit (eine Ausnahme bilden hier u. a. die jüdischen fürsorgerischen Fachkräfte, die unmittelbar nach der Machtübergabe an die Nationalsozialisten von dem Berufsverbot betroffen waren) in den Dienst der neuen Machthaber. Dies geschah ungeachtet dessen, dass es mit der Einführung von „Erb- und Rassenlehre" in alle Bereiche der Fürsorge zu einem Paradigmenwechsel gekommen war. Die gesamte Sozialpolitik orientierte sich an rassehygienischen Kategorien und war entlang von Auslese und „Ausmerze" organisiert. Die Folgen für die Klient_innen konnten schwerwiegend sein, bis hin zur Ermordung. Eine Auseinandersetzung mit der Beteiligung von Fürsorgerinnen nach der Befreiung vom Nationalsozialismus schien bis in die 1980er Jahre im Fachdiskurs nicht notwendig. Im Nationalsozialismus tätige Fürsorgerinnen in leitender Stellung konnten ihre professionellen Karrieren nach 1945 problemlos fortsetzen. Möglich war das, weil ihre Profession und die damit verbundenen Tätigkeiten als „unpolitisch" wahrgenommen wurden. Im Kontext dessen konnten autoritäre Erziehungsstile und disziplinierende Fürsorgekonzepte weitergeführt werden (vgl. Kapitel 2.2.1.). Diese Wahrnehmung hatte auch zur Folge, dass die entlang einer sozialrassistischen „Minderwertigkeitsideologie" verfolgten und ausgegrenzten Klient_innen stigmatisiert und ausgegrenzt blieben. Lange Zeit – so konnte erst Mitte der 1980er Jahre ein Anspruch auf Entschädigung für im Nationalsozialismus zwangssterilisierte Menschen verankert werden – wurde das Unrecht, das diesen Menschen angetan worden ist, weder anerkannt noch in irgendeiner Form als „politisch" wahrgenommen.

In der Weiterführung dieser Argumentation werfen wir die Frage nach den heutigen Anschlussfähigkeiten bzw. nach der Frage der Wahrnehmung von rechtsextremen Frauen in der Sozialen Arbeit in der Gegenwart auf.

1.4. Frauen im Rechtsextremismus nach 1945 in Westdeutschland am Beispiel der Wahrnehmung von Rechtsterroristinnen

Im folgenden Unterkapitel bewegen wir uns außerhalb Sozialer Arbeit. Bisher haben wir nachgezeichnet, inwiefern das Konzept der „organisierten Mütterlichkeit" mit dazu beigetragen hat, den Bereich von Sozialer Arbeit zu entpolitisieren. Als Folge hiervon wurde die Verantwortung der darin Tätigen (zu einer großen Anzahl Frauen) für die Umsetzung rassistischer und menschenverachtender fürsorgerischer Praxen verschleiert. Mit Blick auf das Engagement rechtsextremer Frauen nach 1945 in der BRD wollen wir der Frage nachgehen, inwiefern die Konstruktion der Frau als „unpolitisch", „fürsorgend" und „friedlich" maßgeblich die Wahrnehmung von Frauen beeinflusst und im Besonderen zur Nicht-Wahrnehmung rechtsextremer Frauen beigetragen hat. Wir beziehen uns im Folgenden auf neue Recherchen unseres Kollegen Ulrich Overdieck, mit denen er auf eine Forschungslücke zum Thema rechtsterroristische Frauen in der BRD reagiert.[34] Wir beziehen uns auf Rechtsterroristinnen, weil wir davon ausgehen, dass sie mit ihrem Handeln den von uns problematisierten Stereotypen der Friedlichkeit und des Unpolitisch-Seins maximal zuwiderlaufen. Wir fragen also danach, wie Frauen die gewalttätig und rechtsextrem organisiert sind, wahrgenommen werden. Ist bereits der Forschungsstand zu rechtsextremen Frauen in der BRD nach 1945

34 | Der folgende Abschnitt mit der Überschrift „Zschäpes Vorgängerinnen" S. 31–33) ist in einer ausführlichen Version zuerst erschienen in: Fachstelle Gender und Rechtsextremismus/Amadeu Antonio Stiftung (o. J.): Rechtsextreme Frauen – übersehen und unterschätzt. Analysen und Handlungsstrategien.

äußerst marginal (Radvan 2013: 20ff.), so lässt sich in Bezug auf die DDR von einer Leerstelle sprechen.

Ulrich Overdieck

Zschäpes Vorgängerinnen

Beate Zschäpe soll in der Haft gegenüber einem Vernehmungsspezialisten des Bundeskriminalamts (BKA) die Bemerkung herausgerutscht sein: „So einen Fall wie mich hat's doch noch nie gegeben (Zeit online 2016). Dies zeigt nicht nur die Eitelkeit des mutmaßlichen NSU-Mitglieds – Zschäpe lag mit ihrer Einschätzung auch falsch. Denn es existierten Vorläufer des „Nationalsozialistischen Untergrunds" (NSU) in der Geschichte der Bundesrepublik Deutschland und Beate Zschäpe ist nicht die erste am deutschen Rechtsterrorismus beteiligte Frau. Zu Beginn der 1980er Jahre gab es in der alten Bundesrepublik eine Welle rechtsterroristischer Anschläge mit bis zu 20 Todesopfern bis 1982 (Jentsch 2010). Bei den für diese Taten verantwortlichen Organisationen wirkten auch neonazistische Frauen mit.

Frauen bei den „Deutschen Aktionsgruppen"

Die „Deutschen Aktionsgruppen" (DA) verübten im Jahr 1980 sieben Brand- und Sprengstoffanschläge, die zumeist antisemitisch oder rassistisch motiviert waren (Neidhardt 1982). Ihr Anführer war der Anwalt Manfred Roeder, der einen Kreis Gleichgesinnter um sich versammeln konnte. Am 1. September 1980 gelang der Polizei in einer Großaktion die Zerschlagung der Organisation und die Festnahme ihrer Mitglieder (Rabert 1995: 285). Die meisten Taten der DA wurden unter wesentlicher Beteiligung von Sibylle V. verübt, die eine zentrale Rolle in der Gruppierung einnahm (ebd.: 281). Dies gilt auch für den schwerwiegendsten Anschlag der DA, eine Brandstiftung auf ein Wohnheim in Hamburg am 22. August 1980, bei dem die Vietnamesen Ngoc Chau Nguyên und Anh Lân Dô ermordet wurden. Erklärtes Ziel der Gruppierung war es, „Deutschland von den Ausländern zu befreien" (MacDonald 1992: 216). Sibylle V. arbeitete in einem Krankenhaus (Rabert 1995: 282) in Hamburg und kam über ihre Arbeitskollegin Gabriele C. in Kontakt mit neonazistischer Ideologie. Auch Gabriele C., ebenfalls ein DA-Mitglied, beteiligte sich an den Vorbereitungen zu einem Sprengstoffanschlag der DA auf eine Schule in Hamburg, bei dem zwei zufällig vorbeikommende Krankenschwestern verletzt wurden (ebd.: 284). Gertraud R., die Ehefrau Roeders, nahm zwar nicht an terroristischen Aktivitäten teil, verwaltete jedoch einen Verein und – hiermit verbunden – ein Spendenaufkommen, auf das die DA zurückgreifen konnte. Sie tat dies vor allem während der Zeit, in der ihr Ehemann sich im Ausland aufhielt, um sich dem Zugriff der Polizei zu entziehen, und während seiner Zeit in Haft (ebd.: 277).

Wegen der Gründung einer terroristischen Vereinigung wurde Manfred Roeder im Jahr 1982 zu einer Freiheitsstrafe von 13 Jahren verurteilt, jedoch bereits am 15. Februar 1990 aufgrund einer günstigen Sozialprognose entlassen. Sibylle V. wurde wie weitere Mitglieder der DA zu einer Freiheitsstrafe verurteilt. Nachdem sie acht Jahre ihrer Strafe in Stuttgart-Stammheim verbüßt hatte, wurde sie schon 1988 auf freien Fuß gesetzt (MacDonald 1992: 215). In der Anklageschrift wurde Sibylle V. Roeder gegenüber als „geistig und sexuell hörig" (zit. n. Strothmann 1982: o. S.) beschrieben und gab selbst vor Gericht an, diesem „verfallen" (MacDonald 1992: 216) gewesen zu sein und daher die Taten begangen zu haben – ein Bekenntnis, das die verbüßte Strafe nicht gesteigert haben dürfte.

Eine Frau im bewaffneten Kampf von Mitgliedern der „Volkssozialistischen Bewegung Deutschlands"

Die mit vollständigem Titel „Volkssozialistische Bewegung Deutschlands/Partei der Arbeit" (VSBD/PdA) genannte neonazistische Organisation wurde am 17. Juni 1971 von dem mittlerweile verstorbenen Neonazi Friedhelm Busse gegründet und am 24. Januar 1982 als verfassungsfeindlich verboten (apabiz 2005). Am 24. Dezember 1980 hatte ein VSBD-Mitglied bei einem illegalen Grenzübertritt zwei Beamte des Schweizer Grenzschutzes getötet und danach Selbstmord begangen. Im Vorfeld eines geplanten Banküberfalls kam es am 20. Oktober 1981 in München zu einer Schießerei zwischen fünf VSBD-Mitgliedern und der Polizei. Dabei wurden zwei der Neonazis getötet und ein Polizist lebensgefährlich verletzt (anonym 1981: 27ff.). Im Rahmen der anschließenden Fahndung wurde mit Christine H. noch im selben Jahr eine 23-jährige Frau von einer Antiterroreinheit in Belgien festgenommen und an die BRD ausgeliefert. Eine Anklage als „terroristische Vereinigung" (nach §129a StGB) wurde fallen gelassen, obwohl hierfür einige Anhaltspunkte vorlagen (Jentsch 2010: o. S.). Die bereits wegen Volksverhetzung und Sachbeschädigung vorbestrafte H. erhielt letztlich eine sechsjährige Gefängnisstrafe – u. a. für ihre Beteiligung an einem weiteren Banküberfall, bei dem sie den Fluchtwagen fuhr. Die 1959 in Lüneburg geborene Rechtsterroristin distanzierte sich in der Haft vom Neonazismus und schrieb ein Buch über ihren „Ausstieg" (Hewicker 2001).

Frauen im Umfeld der „Wehrsportgruppe Hoffmann"

Auch die nach ihrem Anführer Karl-Heinz Hoffmann benannte „Wehrsportgruppe Hoffmann" (WSG) wurde nie juristisch als „terroristische Vereinigung" eingestuft. Von ihren (ehemaligen) Mitgliedern und aus ihrem Umfeld heraus wurden allerdings in den frühen 1980er Jahren mehrere Mordtaten von terroristischer Qualität verübt[35], die von der Justiz letztlich nur verschiedenen – ausnahmslos männlichen – „Einzeltätern“ angelastet wurden (Siegler 1989: o. S.). So ermordete mutmaßlich Uwe Behrendt am 19. Dezember 1980 aus antisemitischen Motiven den Verleger und ehemaligen Vorsitzenden der Israelitischen Kultusgemeinde in Nürnberg Shlomo Levin und dessen Lebensgefährtin Frieda Poeschke in deren Haus in Erlangen. Levin hatte mehrfach vor der Gefährlichkeit der WSG Hoffmann gewarnt. Behrendt, der Mitglied der WSG Hoffmann war, beging am 16. September 1981 im Libanon Selbstmord.

Die 400–600 Personen umfassende WSG Hoffmann wurde ab 1974 zunächst wegen ihrer paramilitärischen Wehrsportübungen zunehmend in der Öffentlichkeit bekannt. Am 30. Januar 1980 erfolgte das Verbot der Vereinigung, die bis zu diesem Zeitpunkt den bewaffneten Kampf übte und eine „Vorstufe“ zum Terrorismus wohl bereits erreicht hatte (Rabert 1995: 298). In die WSG Hoffmann wurden vor ihrem Verbot sowohl in ihren Anfangsjahren als auch wieder ab 1979 Frauen als Mitglieder aufgenommen. Um die weibliche neonazistische Zielgruppe wurde von der WSG Hoffmann in ihrer Publikation „Kommando“ phasenweise sogar regelrecht geworben (Hoffmann 1979: 9). In einer Gruppe von 58 Anhänger_innen und Mitgliedern der ehemaligen WSG Hoffmann, gegen die nach dem Attentat auf das Münchner Oktoberfest am 26. September 1980 polizeilich ermittelt wurde, befanden sich fünf Frauen (Fromm 1998: 408f.).

Nach dem Verbot seiner Organisation baute Hoffmann mit Unterstützung der palästinensischen Fatah im Libanon die etwa 15-köpfige paramilitärische Gruppe „WSG Ausland“ auf, die vorwiegend aus ehemaligen Mitgliedern der WSG Hoffmann bestand und bereits Anschläge auf Personen und Einrichtungen in der Bundesrepublik und im Nahen Osten geplant haben soll. Nach der Rückkehr aus dem Libanon wurden Hoffmann und seine damals 35-jährige Lebensgefährtin und spätere Ehefrau Franziska B. jedoch sofort festgenommen (Rabert 1995: 300). Sie war offenbar als eine Art Statthalterin und Bindeglied in der BRD verblieben und nahm nach Aussagen von geständigen

35 | Am 26. September 1980 erfolgte ein Sprengstoffanschlag auf das Oktoberfest in München mit 13 Toten und mehr als 200 Verletzten. Unter den Toten war der Täter Gundolf Köhler, der in den 1970er Jahren an Übungen der WSG Hoffmann teilgenommen hatte. Er gilt trotz einiger anderslautender Hinweise als Einzeltäter. Am 24. Juni 1982 ermordete der Rechtsextreme Helmut Oxner bei einem rassistisch motivierten Amoklauf in Nürnberg drei Menschen, verletzte drei weitere schwer und tötete sich selbst. Auch er galt in der Presse als Einzeltäter aus dem Umfeld der Wehrsportgruppe Hoffmann (Anonym 1982: o. S.)

Mitgliedern der Gruppe vor Gericht und auch nach Einschätzung der Staatsanwaltschaft Nürnberg eine organisatorische Führungsrolle ein.[36]

Beim erwähnten Doppelmord des WSG Hoffmann- und WSG Ausland-Mitglieds Uwe Behrendt in Erlangen wurde die Sonnenbrille von Franziska B. am Tatort zurückgelassen. Aufgrund einer Eingravierung des Optikers ließ sich die Brille im Nachhinein leicht zuordnen. Nach Angabe von Hoffmann im gegen ihn wegen Anstiftung zum Mord geführten Prozess habe der Einzeltäter Behrendt diese bei der Tat getragen. Zudem habe Behrendt die Tatwaffe, die aus Hoffmanns Besitz stammt, ihm ohne sein Wissen entwendet. Damals wohnte Behrendt gemeinsam mit Hoffmann bei Franziska B. im Schloss Ermreuth. Am Ende entscheidet sich das Gericht trotz anderweitiger Indizien für die These, der drei Wochen vor Prozessbeginn gestorbene Behrendt habe alleine gehandelt (Fromm 1998: 346). Die Polizei hatte im Übrigen im Fall des Erlanger Doppelmords über Monate hinweg den Täter nicht im rechten Spektrum gesucht, sondern unter den angeblich kriminellen Angehörigen der jüdischen Gemeinde Erlangens – die Parallelen zu den NSU-Mordermittlungen sind auffällig (Sternsdorff 1984). Franziska B. wurde erst fünf Wochen nach der Tat überhaupt zu ihrer Sonnenbrille am Tatort befragt (Most 2006). Sie wurde wegen Beihilfe zum Mord angeklagt, aber nicht wie Hoffmann (für diese Tat) verurteilt.

36 | Vgl. Staatsanwaltschaft bei dem Landgericht Nürnberg-Fürth, Az: 340 Js 40387/81, 10.1.1983, S. 33-35, zitiert nach: Fromm 1998: 407f.

2. Die Wahrnehmung von rechtsextremen Frauen in der Gegenwart

Im folgenden Kapitel thematisieren wir, wie Neonazi-Frauen in der Gegenwart wahrgenommen werden. Am Beispiel des Umgangs mit dem Nationalsozialistischen Untergrund (NSU), insbesondere mit der Protagonistin Beate Zschäpe, zeigen die folgenden Analysen, dass auch heute die Wahrnehmung defizitär bleibt bzw. bestimmten Stereotypen unterliegt. Im zweiten Unterkapitel wenden wir uns verschiedenen Handlungsfeldern Sozialer Arbeit zu und fragen, wie die „doppelte Unsichtbarkeit" von rechtsextremen Frauen ausgeprägt ist.

2.1. Die Wahrnehmung rechtsextremer Frauen am Beispiel des Umgangs mit dem „Nationalsozialistischen Untergrund"

Ulrich Overdieck

2.1.1. Der Blick auf Beate Zschäpe: Rückschau und Analyse

Die folgende unvollständige Zusammenstellung wirft Schlaglichter auf Stationen in der „Karriere" der mutmaßlichen Rechtsterroristin Beate Zschäpe und geht immer wieder auch der Frage nach, ob es ihr deswegen möglich gewesen sein könnte, unbemerkt an schwersten rassistischen Straftaten mitzuwirken, weil ihr dies als Frau nicht zugetraut wurde.[37] Es geht also um die Frage, welche Konsequenzen Wahrnehmungsdefizite gegenüber rechtsextremen Frauen seitens der Polizei, des Verfassungsschutzes, aber auch der Zivilgesellschaft, der Medien und seitens pädagogischer Fachkräfte haben können.

Zschäpes Jugend in Jena

In den 1990er Jahren verkehrt Beate Zschäpe als Jugendliche im Jenaer „Winzerclub". Im Umfeld des Jugendclubs im Stadtteil Winzerla kommt sie in Kontakt mit der rechtsextremen Szene und lernt ihre späteren Komplizen Uwe Böhnhardt und Uwe Mundlos sowie weitere Unterstützer_innen des NSU ken-

37 | Der folgende Abschnitt mit der Überschrift „Zschäpes Vorgängerinnen" ist in einer ausführlichen Version zuerst erschienen in: Fachstelle Gender und Rechtsextremismus/ Amadeu Antonio Stiftung (o. J.): S. 35–42.

nen. Nach Angaben eines Sozialarbeiters antwortet die 17-jährige Zschäpe auf die Frage nach ihrem Berufswunsch: „Zuerst einmal müssen die Ausländer weg“ (Frenzel 2011). Zschäpe gibt hier offenbar bereits einen Ausblick auf ihr Erwachsenenleben. Erste Warnzeichen sind also vorhanden, führen jedoch nicht zu wirksamen Konsequenzen (vgl. hierzu Kapitel 2.2.2.).

Zschäpes Radikalisierung in rechtsextremen Organisationen in Thüringen

Mit anderen Thüringer Neonazis bildet Beate Zschäpe die „Kameradschaft Jena“, sie beteiligt sich bis 1998 an bundesweiten Aufmärschen der Neonazi-Szene und an Aktionen der „Anti-Antifa Ostthüringen“ und deren Nachfolgeorganisation „Thüringer Heimatschutz“ (THS). Zschäpe wirkt ab 1993 z. T. maßgeblich an Attacken auf linke Jugendliche mit; so soll eine Punkerin bei einem Angriff von Zschäpe, einen Fußbruch erlitten haben (Jansen 2015a). Außerdem wird Zschäpe von der Polizei mit Waffen, u. a. mit einem Dolch (Schmidt 2013), aufgegriffen. Frauen in der rechtsextremen Szene gelten in den Sicherheitsbehörden und den Medien – zu dieser Zeit vielleicht noch mehr als heute – zumeist nur als Anhängsel von rechtsextremen Männern und nicht als gleichberechtigt. Das mag eine Erklärung sein, warum Beate Zschäpe ohne Vorstrafe bleibt.

Zschäpes erste Flucht und der Weg hin zur Gründung des NSU

Nachdem 1996 und 1997 in Jena mehrere Bombenattrappen und zündunfähige Sprengkörper gefunden worden waren, durchsucht die Polizei am 26. Januar 1998 die Wohnungen von Zschäpe, Mundlos und Böhnhardt. In einer von Zschäpe angemieteten Garage werden vier Rohrbomben mit etwa 1,4 Kilogramm TNT gefunden. Den größten Teil dieses Sprengstoffs soll die Gruppe von einem Rechtsextremen erhalten haben, mit dem Zschäpe zuvor liiert gewesen ist. Noch während der laufenden Durchsuchung kann das Trio flüchten, versteckt sich mithilfe von Kompliz_innen aus der Neonazi-Szene in Sachsen und gründet noch im Jahr 1998 den NSU. Der NSU verübt von 2000-2006 eine rassistische Mordserie an neun Menschen mit Migrationshintergrund, ein Nagelbomben-Attentat in Köln im Jahr 2004 mit zahlreichen Verletzten und einen Mord an einer Polizistin im Jahr 2007. Zudem überfällt der NSU Banken, um das Leben im „Untergrund“ zu finanzieren.

Zschäpes Tarnung und das Leben im „Untergrund“

Zschäpe sorgt – laut der späteren Anklageschrift gegen sie – in der Zeit im „Untergrund“ von 1998 bis zum November 2011 als eines von drei gleichberechtigten Mitgliedern des NSU insbesondere für den Anschein von Normalität und Legalität gegenüber dem nachbarschaftlichen Umfeld und pflegt eine unauffällige Fassade, um Rückzugsort und Aktionszentrale der terroristischen Vereinigung zu tarnen. Zschäpe soll sich aber auch an der Beschaffung von Schusswaffen und Ausweispapieren beteiligt haben. Ferner sei sie für die Logistik und die Verwaltung der Gelder aus den Banküberfällen zuständig gewesen. Nachbar_innen der verschiedenen Versteckwohnungen werden sie später als gesellig und unauffällig beschreiben. Das Stereotyp von der „friedfertigen" und „unpolitischen" Frau wird von Zschäpe offenbar gezielt bedient und genutzt, um eine bestmögliche Tarnung zu erreichen.

Das Ende des NSU im „Untergrund" – Zschäpe geht an die Öffentlichkeit

Nach dem Tod von Uwe Mundlos und Uwe Böhnhardt am 4. November 2011 im thüringischen Eisenach nach einem gescheiterten Banküberfall versucht Zschäpe, Spuren zu beseitigen, indem sie einen Brand im vom NSU genutzten Wohnungsversteck im sächsischen Zwickau legt. Anschließend erhält sie Kleidung ohne Brand- und Benzinspuren, die von der mutmaßlichen Unterstützerin Susann E. stammen. Außerdem informiert Zschäpe Helfer_innen und Angehörige ihrer Komplizen über die neue Situation und verschickt vorbereitete Bekennervideos der Terrorzelle. Insgesamt kann sich Zschäpe noch etwa vier Tage lang ihrer Verhaftung entziehen und bewegt sich unkontrolliert im Bundesgebiet, bis sie sich schließlich im Beisein eines Anwalts selbst stellt.

Umgang von Medien und Justiz mit Zschäpes zweiter Flucht

Bis heute ist weder endgültig geklärt, auf welchem Weg Zschäpe vom Tod ihrer zwei Mittäter erfährt, noch, was sie während ihrer anschließenden mehrtägigen Flucht alles tut. Theoretisch kann sie Kontakt mit Unterstützer_innen und möglicherweise sogar weiteren bislang unbekannt gebliebenen Mittäter_innen gesucht haben. Medial wurde und wird jedoch angesichts dieser unbeobachteten Zeitspanne kaum Besorgnis vermittelt. Auch das Oberlandesgericht München und der Präsident des Bundeskriminalamts legen sich bereits vor Prozessbeginn gegen Zschäpe und vier NSU-Unterstützer darauf fest, dass der NSU nach dem Tod von Mundlos und Böhnhardt und der Inhaftierung Zschäpes nicht mehr existiere. Selbst wenn sich die von der Justiz getroffenen Vermutungen letztlich als zutreffend herausstellen sollten, wäre zu fragen, ob die angesprochene Aufklärungslücke bei einem rechtsextremen Mann nicht eine ernstere Besorgnis sowohl in den Reihen der Sicherheitsorgane als auch in den Medien auslösen würde. Immerhin gilt Zschäpe – laut Anklage der Bundesanwaltschaft – als ein „Kopf" einer rechtsterroristischen Gruppierung.

Medien präsentieren Zschäpes (vermeintliches) Liebesleben

Beate Zschäpe ist im November 2011 schlagartig zur bekanntesten Rechtsextremistin Deutschlands geworden. Die gesteigerte Aufmerksamkeit an ihrer Person führt hingegen nicht automatisch zu einer schärferen Wahrnehmung und sachkundigen Berichterstattung über die Bedeutung von Frauen in der rechtsextremen Szene. Einige auflagenstarke Medien reproduzieren in den ersten Wochen und Monaten nach der Selbstenttarnung „das übliche Klischee von der unpolitischen Frau“ (Forschungsnetzwerk Frauen und Rechtsextremismus 2011), spekulieren z. B. über das Liebesleben der mutmaßlichen Rechtsterroristin und charakterisieren sie unkundig und voreilig als Mitläuferin. So wird berichtet, dass Zschäpe eine „Dreierbeziehung“ mit Mundlos und Böhnhardt geführt habe und sie politisch kaum engagiert gewesen sei. Die Mühe, die Vergangenheit Zschäpes in der organisierten rechtsextremen Szene Thüringens zu recherchieren, machen sich zunächst nur wenige Journalist_innen.

Anklage gegen Beate Zschäpe als gleichberechtigte Beteiligte am NSU

Während Beate Zschäpe in Haft ist, formuliert die Generalbundesanwaltschaft die schwerstmögliche Anklage gegen sie. Das Oberlandesgericht München lässt diese in vollem Umfang zu. Die Anklageschrift sieht Zschäpe als eines von drei gleichberechtigten Mitgliedern des NSU. Ihr wird vor allem auch die Mittäterschaft bei den zehn Morden der Terrorgruppe vorgeworfen. Juristisch muss nicht bewiesen werden, dass Zschäpe selbst geschossen hat oder an den Tatorten anwesend war. Wenn sie die Taten gewollt und deshalb zu diesen beigetragen hat, kann sie als Mittäterin verurteilt werden. Zudem wird Zschäpe der Brandstiftung am Wohnhaus in Zwickau beschuldigt, bei der sie den möglichen Tod mehrerer Menschen in Kauf genommen haben soll. Für Unterstützungsleistungen bzw. Beihilfe zum Mord müssen sich auch André E., Ralf Wohlleben, Carsten S. und Holger G. vor Gericht verantworten. Frauen, die als Unterstützerinnen tätig waren, werden bislang noch nicht angeklagt.

Medien kommentieren Zschäpes Erscheinen vor Gericht

Da zu Prozessbeginn am 6. Mai 2013 zunächst nur Formalitäten behandelt werden, widmet sich die Presse schwerpunktmäßig Äußerlichkeiten wie Kleidung, Frisur, Mimik und Gestik von Beate Zschäpe. Über die Kleidung der männlichen Angeklagten wird weniger berichtet. Die bereits seit dem Auffliegen des NSU vorhandene Erwartungshaltung in den Medien, der zufolge eine aussagende Zschäpe Reue und Empathie mit den Opfern zeigen möge, wird besonders oft artikuliert. Als Grund hierfür scheinen nur geschlechtsspezifische Rollenerwartungen in Frage zu kommen, denn auch die als zentrale und langjährige Unterstützer angeklagten Ralf Wohlleben und André E. könnten mit ihrem Wissen bislang unbekannte Abläufe erhellen. Den beiden Männern wird jedoch offenbar eine festere rechtsextreme Überzeugung unterstellt als Zschäpe – oder zumindest ein geringeres Mitleidsempfinden bzw. die geringere soziale Kompetenz. Tatsächlich sagen im weiteren Prozessverlauf die zwei männlichen Angeklagten Carsten S. und Holger G. aus und gestehen gegenüber den Hinterbliebenen der Opfer ihre Schuld ein.

Fallgeschichte 1: Medien erklären Zschäpe als entlastet

In der Berichterstattung ist nach dem Prozesstag am 11. Juni 2013 in nicht wenigen Medien zu vernehmen, dass Beate Zschäpe zumindest teilweise entlastet worden sei. Der Mitangeklagte im Prozess, Carsten S., hatte erstmalig und überraschend über ein Gespräch mit Uwe Mundlos und Uwe Böhnhardt ausgesagt. In diesem Gespräch hätten beide ihm gegenüber Andeutungen über einen Sprengstoffanschlag in Nürnberg gemacht. Als Beate Zschäpe zur Gesprächsrunde hinzugekommen sei, hätten Carsten S. zufolge Mundlos und Böhnhardt „Psst" gesagt und damit das Gespräch unterbrochen.[38] Nach Interpretationen in der Presse bedeute dies, dass Zschäpe insgesamt von wenig wissen durfte und auch von wenig wusste. Tatsächlich gibt die Gesprächsunterbrechung juristisch keinen Anlass, von einer Entlastung Zschäpes auszugehen, da nicht klar ist, weshalb sie erfolgte und es ohnehin nur um mögliche neue Vorwürfe ging. Eine Entlastung kann sich aus einer Aussage über bislang gar nicht vorgeworfene Taten kaum ergeben. Nicht unwahrscheinlich ist zudem, dass Mundlos und Böhnhardt von Zschäpe nicht bei unbedachten und unvernünftigen Äußerungen gegenüber dem ihnen wenig bekannten jungen Unterstützer Carsten S. „ertappt" werden wollten und daher das Gespräch unterbrachen. Man stelle sich vor, Beate Zschäpe sei ein Mann: Würde in dem Fall auch Unwissenheit unterstellt werden oder käme ein männlich gedachter Vertrauter von Mundlos und Böhnhardt nicht sogar in den Verdacht, Anführer der Gruppe zu sein, dessen Kontrolle geachtet werden muss?

Fallgeschichte 2: Rasterfahndung ohne Frauen

Im Jahr 2007 verfolgt die Polizei kurzzeitig die These, dass für die Mordserie an Kleingewerbetreibenden mit türkischem und griechischem Migrationshintergrund eine rassistische Motivation in Betracht kommt. Auf Grundlage eines Gutachtens geht man zudem davon aus, dass der oder die Täter wegen der Konzentration der Tatorte im südöstlichen Raum Nürnbergs einen beson-

38 | Die Gesprächsunterbrechung interpretierten verschiedenste Medien vom „Stern" (über die „FAZ" und die „Berliner Zeitung" bis zur „Jungle World" mal mehr mal weniger deutlich und teilweise im Konjunktiv als entlastend für die Hauptangeklagte.

deren Bezug (sogenannter „Ankerpunkt") zu dieser Gegend hätten. Die Polizei will daher eine Rasterfahndung in der Neonazi-Szene im Raum Nürnberg durchführen und fordert vom Landesamt für den Verfassungsschutz Bayern (VS Bayern) eine Liste mit allen Namen von Rechtsextremen in der Region an. Dabei soll sich diese Auskunft zunächst explizit nicht auf ein bestimmtes Alter oder „das Geschlecht männlich" (Deutscher Bundestag 2013a: 586) beschränken. Nach dem Abgleich der 682 Personen fassenden Liste des VS Bayern mit den Daten des Einwohnermeldeamtes Nürnberg schließen die polizeilichen Ermittler_innen allerdings sogleich „alle Männer, die jünger als 18 und älter als 35 Jahren waren, sowie alle Frauen" (ebd.: 587) von der weiteren Überprüfung aus. Offenbar sollte in den Augen der Ermittler_innen überflüssige Arbeit eingespart werden, um effizient vorgehen zu können. Die Einschätzung, die rechtsextremen Frauen für nicht überprüfenswert zu halten, dürfte hierbei auf Grundlage geschlechtsspezifischer Stereotype – etwa dem der „unpolitischen" oder „friedfertigen Frau" – getroffen worden sein. Die Abklärungen auf Grundlage der gekürzten Liste verlaufen schließlich ergebnislos.

Mit Mandy S. (Sanders 2012), einer ehemaligen Aktivistin der im Jahr 2011 verbotenen rechtsextremen „Hilfsgemeinschaft für nationale politische Gefangene" (HNG), ist jedoch genau eine Person auf der ursprünglichen Liste von 682 Personen verzeichnet, bei der die Ermittlungen nach dem 4. November 2011 – dem Tag des Auffliegens des NSU – einen Kontakt zu dem Trio feststellen werden (Deutscher Bundestag 2013: 587). Mandy S. gilt als Helferin der ersten Stunde nach dem Abtauchen von Zschäpe, Böhnhardt und Mundlos und vermittelte den drei Gesuchten Wohnungen in Chemnitz. Später wohnte sie in Nürnberg. Die immerhin mögliche Chance, der mutmaßlichen Unterstützerin Mandy S. und damit dem NSU auf die Spur zu kommen, wurde 2007 also verpasst, weil von der Polizei nicht in diese Richtung ermittelt wurde.[39] Vier Jahre später fliegt der NSU nach einem missglückten Banküberfall zufällig – also ohne Zutun von Polizei und VS – auf.

Fallgeschichte 3: Wie man im „Untergrund" eine polizeiliche Vernehmung übersteht

In den Jahren 2006/2007 kommt es bei Ermittlungen der Polizeidirektion Südwestsachsen zu erheblichen Fehlleistungen, u. a. auch wegen der Wahrnehmungsdefizite im Umgang mit (rechtsextremen) Frauen. Im Ergebnis übersteht die zu der Zeit in Zwickau im „Untergrund" lebende Beate Zschäpe

39 | Möglicherweise hätte auch die Tatsache, dass Mandy S. in einem Vorort und nicht im Zentrum von Nürnberg wohnte, ohnehin zu einem Ausschluss ihrer Person von weiteren Ermittlungsmaßnahmen geführt. Dies ändert aber nichts an der Feststellung, dass die Ermittler_innen eine fehlerhafte Haltung gegenüber der Rolle von Frauen in der Neonazi-Szene an den Tag legten und diese einen Ermittlungserfolg verhinderte.

eine polizeiliche Zeuginnenvernehmung, ohne Verdacht zu erregen, obwohl sie sich zuvor und während dieser in erhebliche Widersprüche verstrickt (Deutscher Bundestag 2013 a: 485–488).

Nach einem Wasserschaden in der Polenzstraße 2 in Zwickau am 7. Dezember 2006 beginnen die maßgeblich von Kriminalhauptmeister R. geführten polizeilichen Ermittlungen der Polizeidirektion Südwestsachsen. Der Wasserschaden wurde in einer ungenutzten Wohnung direkt über der Versteckwohnung von Beate Zschäpe, Uwe Mundlos und Uwe Böhnhardt von unbekannt gebliebenen Täter_innen absichtlich herbeigeführt, ebenso wurden auch Gegenstände entwendet. Bei der Beseitigung des Wasserschadens in der betroffenen Wohnung hatte die im Haus unter ihrem Decknamen „Lisa D." bekannte Beate Zschäpe noch tatkräftig geholfen, danach war sie jedoch für die Polizei zunächst nicht mehr zu erreichen. Als am nächsten Tag der mögliche Schaden in Zschäpes Wohnung begutachtet werden sollte, wurde den Beamten nicht geöffnet. Die Zeugin „Lisa D." erschien nicht zur polizeilichen Vorladung und war weder über öffentliche Verzeichnisse, polizeiliche Systeme oder das Einwohnermeldeamt ermittelbar – wohl aber ein Matthias D. mit gleichem Nachnamen.[40] Das veranlasste Kriminalhauptmeister R., persönlich an der Wohnung zu klingeln, denn schließlich hatte ein anderer Tatzeuge ausgesagt, dass „Lisa D." ihm und einer weiteren Person Beobachtungen über den Tatzeitpunkt geschildert habe. „Lisa D." habe demzufolge Geräusche in der Wohnung gehört. Sie wird so für die Polizei zu einer wichtigen Zeugin. Der Polizeibeamte trifft in der Wohnung tatsächlich Beate Zschäpe an, die ihm erklärt, dass ihr Spitzname „Lise" sei und sie daher oft fälschlicherweise von Nachbar_innen für „Lisa D.", Ehefrau des Matthias D., gehalten werde, obwohl es eine solche Frau nicht gebe. In Wirklichkeit heiße sie Susann E. und wohne gar nicht in der Wohnung ihres Freundes Matthias D. Sie halte sich dort nur häufig auf, da dieser als LKW-Fahrer oft unterwegs sei. Weitere Auskünfte will Zschäpe zunächst nicht geben, erscheint aber am 11. Januar 2007 nun als die vermeintliche Susann E. mit ihrem vermeintlichen Ehemann André E. zur Vernehmung auf der Dienststelle der Polizei.[41] In der Vernehmung leugnet die mit dem Personalausweis von Susann E. ausgestattete Beate Zschäpe nun, Beobachtungen zu Geräuschen gemacht zu haben. Sie sei am Vormittag gar nicht in der Wohnung gewesen – das direkte Gegenteil hatte ein anderer Zeuge ausgesagt. Außerdem entstehen weitere Widersprüche: Wie André E. bezeichnet Zschäpe die Wohnung stellenweise als ihre Wohnung (die Badmöbel

40 | Matthias D. steht im Verdacht, Unterstützer des NSU gewesen zu sein und u. a. bei der Anmietung der Versteckwohnung in der Zwickauer Polenzstraße geholfen zu haben.

41 | Auch das Ehepaar André und Susann E. steht im Verdacht, Unterstützer_innen des NSU gewesen zu sein. André E. muss sich hierfür zurzeit gemeinsam mit Beate Zschäpe im Münchner NSU-Prozess vor Gericht verantworten.

als ihre Möbel), obwohl diese doch angeblich von Matthias D. bewohnt werde. Schaden sei in ihrer Wohnung keiner entstanden. Den Widersprüchen wird von der Polizei nicht nachgegangen. Die untersuchte Tat kann nicht aufgeklärt werden und eine Chance, dem NSU auf die Spur zu kommen, wurde verpasst.

Das nicht angemessene Vertrauen der Polizei gegenüber den Angaben von „Lisa D."/Susann E./Beate Zschäpe dürfte zum guten Teil auf Grundlage geschlechtsspezifischer Stereotype – etwa dem von der „unpolitischen" und/oder „friedfertigen Frau" – entstanden sein. Sicherlich kann man einwenden, dass die Polizei nur wegen vergleichsweise geringfügiger Delikte ermittelte und Beate Zschäpe als Zeugin des Wasserschadens, nicht als Verdächtige galt. Dennoch bleibt richtig, dass sich Zschäpe im direkten Kontakt mit geschulten Polizeibeamten objektiv sehr verdächtig verhalten hat und diesen das offenkundig nicht (groß) aufgefallen ist. Es dürfte auch eine Rolle gespielt haben, dass Beate Zschäpe als Deutsche (ohne Migrationshintergrund) wahrgenommen wird. Man stelle sich vor, statt auf Beate Zschäpe wäre ein polizeilicher Ermittler in einer vergleichbaren Situation auf einen jungen Mann gestoßen, von dem er angenommen hätte, dass er einen sogenannten Migrationshintergrund hat. Hätte diese Person sich gegenüber der Polizei auch in so großem Umfang in Widersprüche über seine Identität und seine Wohnverhältnisse verwickeln dürfen, ohne das Vertrauen in seine Ehrlichkeit zu verspielen?

2.1.2. Frauen im NSU-Prozess: Zschäpes Helferinnen vor Gericht

Beate Zschäpe steht als Hauptangeklagte im NSU-Prozess zwar im Zentrum der medialen Aufmerksamkeit, im Verlauf der seit Mai 2013 geführten Verhandlung kamen jedoch auch Tatbeiträge weiterer rechtsextremer Frauen und ihr Wirken in der rechtsextremen Szene zur Sprache. Rechtsextreme Frauen, oft als Funktionärinnen in verschiedenen Organisationen der rechten Szene tätig, unterstützten den NSU nach dem Abtauchen u. a. mit Ausweisdokumenten und Krankenkassenkarten. Zschäpe konnte so auf verschiedene Tarnidentitäten zurückgreifen und die Helferinnen konstruierten damit einen wichtigen Rahmen. Plausible Legenden wurden gestrickt, beispielsweise wurde sehr wahrscheinlich auf das Kind mindestens einer Helferin „zurückgegriffen", um sich gelegentlich als Pärchen mit Kind präsentieren zu können. Die Unterstützerinnen trugen entscheidend dazu bei, den NSU über Jahre hinweg erfolgreich dem Zugriff der Ermittlungsbehörden zu entziehen.

Im Folgenden soll ein Rückblick auf die Auftritte einiger dieser Frauen im Rahmen der Zeug_innen-Vernehmungen vor dem Oberlandesgericht München gegeben werden. Dabei soll gezeigt werden, inwiefern diese strategisch mit bestimmten Bildern über Frauen und über Familie umgehen. Strategien des Leugnens, Verharmlosens, des Vortäuschens von Unwissenheit und des

Vergessen-haben-Wollens werden von vielen (ehemaligen) Angehörigen der rechtsextremen Szene unabhängig ihres Geschlechts bei ihren Aussagen vor Gericht befolgt. Zusätzlich werden Vorstellungen von Weiblichkeit aufgerufen und bedient. Dazu gehören

1. das Bild der friedfertigen Frau, die als harmlos bzw. nicht gewalttätig einzuschätzen sei.
2. das Bild der innerhalb der rechtsextremen Szene untergeordneten Frau, die keinen Einfluss ausüben kann und für eigenes Handeln nicht verantwortlich sei.
3. das Bild der unpolitischen „Freundin von..." einem rechtsextremen Mann, die selbst keine eigenständig politisch handelnde Person sei.
4. das Bild der fürsorgenden Mutter und, damit verbunden, das Bild der friedfertigen, liebevollen Familie, in der es allein um die Sorge für die Kinder, nicht politische (rechtsextreme) Ansichten gehe.

Mandy S. (s. o.) ist als wichtige NSU-Helferin der ersten Stunde zu sehen. Unter rechtsextremen Skinheads in Chemnitz genoss „White-Power-Mandy" in jener Zeit offenbar ein gewisses Ansehen – in Szenepublikationen rief sie im rechtsextremen Duktus zu mehr Ordnung auf und wandte sich gegen interne Streitereien. Zudem regte sie die Gründung der „Sächsischen Aktionsfront" nach Vorbild der „Fränkischen Aktionsfront" an. Sie soll „Blood&Honour" in Chemnitz zumindest nahe gestanden haben. Das elitäre rechtsextreme Musiknetzwerk „Blood&Honour" hat die Verbreitung nationalsozialistischer Ideologie zum Ziel und organisierte insbesondere mit seinem sächsischen Ableger maßgeblich die Unterstützung des NSU in der ersten Zeit nach der Flucht. Vor Gericht versuchte die inzwischen 39-jährige Mandy S. im Widerspruch dazu, sich als einfache Mitläuferin und „Männeranhang" zu präsentieren. In der Chemnitzer Szene hätten sich Frauen entweder angepasst oder seien ausgelacht worden. Zeugenaussagen ihrer männlichen „Kameraden", die ihr eine Führungsrolle bescheinigten, wollte sich Mandy S. nicht erklären können. Mittlerweile sei sie zudem Mutter und habe sich längst aus rechtsextremen Kreisen zurückgezogen.

Ebenfalls mit einer Krankenkassenkarte für Beate Zschäpe behilflich war **Silvia Sch.** eine Frau, die – ihrer Darstellung vor Gericht nach – ihre Unterstützungsleistung erbrachte, ohne sich dazu je irgendwelche eigenen Gedanken gemacht zu haben. Die Krankenkassenkarte habe sie auf Bitten ihres Mannes und des im NSU-Prozess Mitangeklagten Holger G. hin gegen Geld abgegeben. Politik interessiere sie nicht und sie habe sich nicht gefragt, wozu und von wem die Krankenkassenkarte verwendet werden sollte. Bei nicht wenigen Prozessbeobachter_innen drängte sich der Eindruck auf, dass sich die Zeugin als naiver darzustellen suchte, als wahrscheinlich und glaubhaft ist.

Katrin D. – Szenename: „Mappe“ – verzichtete bei ihrer Aussage darauf, die Rolle von Frauen in der rechtsextremen Szene generell kleinzureden. Die heute im Bereich Catering und Security tätige Angehörige der Chemnitzer Skinheadszene wollte sich selbst jedoch wenig für Politik interessiert haben – eine Darstellung, die sie in ihrer Aussage jedoch nicht durchzuhalten vermochte. So räumte sie ein, im Vergleich zu ihrem damaligen Freund sehr wohl „politisch“ gewesen zu sein. „Mappe“ stritt in diesem Zusammenhang eine Mitgliedschaft bei „Blood&Honour“ ab, auch wenn ein anderer Zeuge ihre Mitgliedschaft angegeben hatte. Sie habe auch keine Unterstützung für die Untergetauchten geleistet, weil sie zu dem Zeitpunkt gerade Mutter geworden sei und daher ohnehin Kontakte zur Szene verloren habe. Katrin D. betonte trotzdem, dass sie – ohne Kind und wenn man sie gefragt hätte – Hilfeleistungen erwogen hätte. Denn „Freundschaft“ sei für sie sehr wichtig. Gegenüber der Polizei belastende Aussagen über „Kameraden“ zu machen, lehne sie hingegen als „Verrat“ strikt ab. Beate Zschäpe will sie angeblich als freundliche Hausfrau eingeschätzt haben. Dieser Angabe kann kaum Glaubwürdigkeit beigemessen werden. Auch die Szenekontakte von Katrin D. hielten über die Jahre offenbar deutlich besser, als von ihr behauptet. So arbeitete sie in den 2000er Jahren in einem von Rechtsextremen betriebenen Ladengeschäft und reiste zum Prozess in Begleitung eines weiteren mutmaßlichen NSU-Helfers aus Chemnitz an.

Antje P. ihrerseits leugnete die Mitgliedschaft bei „Blood&Honour“ nicht. Sie sei sogar in den 1990er Jahren bei der Gründungsveranstaltung des sächsischen Ablegers zugegen gewesen, wollte sich an eine politische und militante Ausrichtung des Musiknetzwerks aber vor Gericht nur mühsam erinnern. Irgendeinen Zusammenhang mit „White Power“ habe es für andere Mitglieder möglicherweise gegeben – ihr sei es jedoch ausschließlich um die Musik gegangen. Antje P. sprach allerdings auch von einer „Angst“ davor, dass ihre Kinder mit ‚nicht-weißen‘ Kindern spielen müssten und gab so eine rassistische Haltung zu erkennen. Später habe sie familiäre und kinderfreundliche Aktivitäten bei „Blood&Honour“ vermisst und sei als Mutter angeblich kaum noch involviert gewesen. Ihre Erwartung ergibt dabei innerhalb der rechtsextremen Ideologie durchaus Sinn, da die ‚deutsche‘ Familie als kleinste Einheit der ‚arischen‘ Volksgemeinschaft in der rechtsextremen Szene idealisiert und als politisches Kampffeld verstanden wird. ‚Rassezucht‘ und die feindliche Ausrichtung gegen ‚nicht-deutsche‘ Familien (und Kinder) sind ‚normale‘ Bestandteile dieser Ideologie. Jedenfalls habe Antje P. als „Mädel“ in der Szene „eigentlich an den Kochtopf“ gehört und sei nicht in die Aktivitäten „der Jungs“ eingeweiht worden. Im Widerspruch dazu wurden im Prozess Hinweise erörtert, denen zufolge Antje P. unter ihrem Spitznamen „Karline“ an der Verwaltung der Finanzen von „Blood&Honour Sachsen“ beteiligt gewesen sein dürfte. Laut Zeugenaussagen habe Antje P. auch die Übergabe ihres Reisepasses an die flüchtige Zschäpe erwogen und in Diskussionen bei „Blood&Honour“ angeregt, die „politische Arbeit“ im Untergrund in Form von Anschlägen durchzuführen. Beiden Darstellungen widersprach Antje P. vor Gericht – als Mutter sei dies für sie nicht in Frage gekommen.

Die heute 67-jährige **Edda Sch.** ist Funktionärin der NPD und eine der ältesten aktiven Rechtsextremistinnen in Deutschland. Sie verbreitet rassistische Ideologie u. a. als „Brauchtumspflege“ im Rahmen einer „heidnischen Religion“, in der „die Germanen“ im Mittelpunkt stehen. Am Rande eines inhaltlich entsprechend ausgerichteten Vortrags in Thüringen im Jahr 2000 soll Edda Sch. laut Aussagen eines anderen Beteiligten ein Gespräch zwischen NSU-Unterstützern aus Thüringen und Sachsen eingefädelt haben. Diesen Vorwurf wies Sch. in ihrer Vernehmung vor Gericht allerdings weit von sich. Mindestens ebenso deutlich wies sie von sich, „ein Verräter“ zu sein.

Mit **Juliane W.** wurde im Prozess auch eine ehemalige Zuträgerin des Thüringer Verfassungsschutzes befragt. Die damalige Rechtsextreme wurde im Alter von 15 Jahren die Freundin des im NSU-Prozess Mitangeklagten Ralf Wohlleben und gab bis zum Ende dieser Beziehung 1998/1999 als „Gewährsperson Jule“ Informationen an die Behörde weiter. Das erfolgreiche Abtauchen des damals frisch aus Jena geflüchteten „NSU-Trios“ fällt in diese Zeit. Auch Juliane W. hatte daran einen Anteil, etwa indem sie aus den Wohnungen der Geflüchteten persönliche Gegenstände zu holen versuchte oder zeitweise offenbar den Kontakt mit Familie Mundlos herstellte. Vor Gericht war die Erinnerung der Zeugin von bemerkenswert umfangreichen Lücken gekennzeichnet. Insofern sie Erinnerungen schilderte, fielen die Beschreibungen verharmlosend aus. So will Juliane W. das antisemitische „Pogromly“-Monopoly-Spiel offenbar wie ein normales Gesellschaftsspiel wahrgenommen haben. Die politische Einstellung ihrer rechtsextremen Kamerad_innen beschrieb sie als „rechts angehaucht“ – sie selbst sei eine Mitläuferin und als Freundin von Ralf Wohlleben in der Szene gewesen.

Erfolgreiche Strategien der Hilfe und Selbsthilfe?

Bislang scheinen aus dem Kreis der Frauen im NSU-Umfeld allenfalls **Mandy S.** und **Susann E.** nennenswerte Strafen zu drohen, da ihnen ihre Unterstützungsleistungen im Rahmen eines weiteren Prozesses vorgeworfen werden könnten.[42] So machte Susann E. im laufenden Verfahren von ihrem Aussageverweigerungsrecht Gebrauch, um sich selbst bzw. ihren Mann nicht belasten zu müssen. Unter anderem soll sie Beate Zschäpe ihren Personalausweis zur

42 | Denkbar ist auch, dass zumindest auf einige der oben genannten Rechtsextremistinnen die strafrechtliche Verfolgung für Falschaussagen im NSU-Prozess zukommen wird. Deren Nachweis gilt allerdings als juristisch schwierig.

Verfügung gestellt und die mutmaßliche Rechtsterroristin womöglich gemeinsam mit ihrem Mann André mit frischer Kleidung versorgt haben, nachdem diese im November 2011 die NSU-Versteckwohnung in Zwickau angezündet hatte. Zusätzlich steht der Verdacht im Raum, dass Susann E. die Mutter eines der Kinder sein könnte, mit denen sich NSU-Mitglieder gelegentlich sehen ließen, um beispielsweise unauffällig Wohnmobile für ihre Taten anmieten zu können. Auch wenn (noch) nicht geklärt ist, mit dem Kind welcher Unterstützer_innen Beate Zschäpe und Uwe Böhnhardt bei dieser Gelegenheit auftauchten, bestätigt der Vorfall doch, dass der NSU zu seiner Tarnung auch sehr bewusst und geschickt auf gesellschaftlich verbreitete (Familien-)Bilder setzte. Wer wird in einer als Kleinfamilie erscheinenden Personengruppe schon Terrorist_innen, Mörder_innen und Bankräuber_innen vermuten?

Von Beate Zschäpe einmal abgesehen, drohen die an den Taten und am Abtauchen des NSU beteiligten rechtsextremen Frauen, sehr glimpflich davonzukommen. Die Strategie des Vorschützens von Erinnerungslücken und des Verschweigens zeigt die fortbestehende Verbundenheit zwischen den Angeklagten und den Personen aus dem (ehemaligen) Umfeld des NSU. Sie hilft gleichermaßen den Angeklagten wie den Zeug_innen, die eine strafrechtliche Verfolgung befürchten müssen.

Frauen aus dem Umfeld spielen zusätzlich strategisch mit Geschlechterstereotypen und -klischees und helfen so sich selbst und auch der Angeklagten. Wenn Frauen nur harmlose und zweitrangige Rollen und Aufgaben in der rechtsextremen Szene ausfüllen können, ist sowohl der jeweilige Beitrag der als Zeugin aussagenden Unterstützerin als auch der der Hauptangeklagten als ein nur geringer denkbar. So erklären sich die z.T. äußerst widersprüchlichen Auftritte (vormals) rechtsextremer Frauen beim Prozess in München, deren Selbstpräsentationen oftmals nicht mit ihren belegten tatsächlichen Taten in Einklang zu bringen sind.

Als besonders glaubhaft scheinen (ehemalige) NSU-Helferinnen die Behauptung einzuschätzen, Mütter würden sich aus der rechtsextremen Szene und deren Aktivitäten – zumindest aber aus dem Umfeld rechtsterroristischer Taten – wie selbstverständlich heraushalten. Dass dies für überzeugte und fanatische Rassistinnen gelten soll, denen die Zukunft ihrer „weißen Kinder“ also gemäß der rechtsextremen Ideologie ganz besonders „am Herzen“ liegen muss, ist allerdings nicht mehr als eine Behauptung überzeugter und fanatischer Rassistinnen. Der NSU-Fall legt nahe, dass die Realität der rechtsextremen Szene diese Behauptung widerlegt.

2.1.3. *Reden ohne das Schweigen zu brechen – Beate Zschäpes Teileinlassung*

Zschäpe hat den juristisch heiklen Versuch gewagt, sich als Angeklagte mit einer von ihren Anwälten verlesenen Teileinlassung selbst zu entlasten. Offenbar geschah dies gegen den Willen eines Teils ihres Anwaltsteams, der das Risiko scheute und in diesem Zusammenhang von „prozessualem Selbstmord" gesprochen haben soll. Zschäpe überging diese Bedenken ihrer „Alt-Verteidiger_innen" Sturm, Stahl und Heer und verfolgte ihre Linie mit ihren „neuen" Verteidigern Borchert und Grasel. Die Angeklagte präsentierte sich in diesem Streit als aktiv Handelnde. Es war ihr so zunehmend und öffentlich wahrnehmbar gelungen, in das Prozessgeschehen einzugreifen.

Im Widerspruch dazu sollte ihre Einlassung sie jedoch nun als passives Opfer der Geschehnisse präsentieren – ein von vorneherein wenig glaubhaftes Unterfangen. Auch der gewählte Zeitpunkt war ungünstig. Zu Prozessauftakt hätte eine solche Erzählung in einigen Medien wohl Anklang finden können. Fand sich dort doch die Prognose, dass die weibliche Angeklagte Reue und Empathie mit den Opfern zeigen werde. Als Grund hierfür schienen nur geschlechtsspezifische Rollenerwartungen in Frage zu kommen. Sonst wäre diese Erwartung auch an Wohlleben und André E. zu richten gewesen, weitere damals schweigende Angeklagte. Diese Erwartungen bestanden vor dem Verlesen der Teileinlassung Zschäpes nun kaum mehr, da neben dem öffentlich ausgetragenen Streit mit ihren Anwält_innen auch der bisherige Prozessverlauf gegen die von Zschäpe behauptete Naivität, Passivität und Unschuld sprach. Nach Auffassung vieler Prozessbeteiligter und Medienvertreter_innen hatten sich in dem seit Mai 2013 laufenden Prozess die in der Anklageschrift (s. o.) formulierten Vorwürfe gegen die Angeklagten (auch gegen Zschäpe) weitgehend bestätigt.

Zschäpes Umgang mit den Angehörigen der Opfer

Vor der Verlesung der Teileinlassung hatten Zschäpe und ihre Verteidiger_innen versucht, den Termin bis zuletzt geheimzuhalten, damit möglichst wenige Nebenkläger_innen den Besuch in München planen konnten. Zudem kündigten Zschäpes Anwälte an, nur Fragen der Richter_innen, nicht jedoch der Bundesanwaltschaft und der Nebenkläger_innen zu beantworten. In der Einlassung selbst wurde dann auch sehr wenig Mühe und Zeit auf den Anschein glaubhafter Reue verwendet. Vielmehr orientierten sich die Ausführungen in erster Linie an den juristisch relevanten Vorwürfen und versuchten, diese mithilfe von behauptetem Nicht-Wissen und Naivität zu entkräften. In vielen Punkten fiel dies erkennbar konstruiert, unplausibel und unglaubhaft aus – etwa wenn Zschäpe vortragen ließ, keine Kenntnis davon gehabt zu haben, dass auf den von ihr versendeten Bekenner-DVDs des NSU auch die Morde und nicht nur die Banküberfälle beschrieben wurden. Bemerkungen, die auf ein politisches Verständnis hätten schließen lassen können, fehlten fast gänzlich. Zschäpe präsentierte sich insgesamt in einer klischeehaft passiven Frauenrolle: als Opfer der Geschehnisse um sie herum, angeblich alkoholkrank und abhängig von Uwe Böhnhardt, den sie geliebt, obwohl dieser sie geschlagen habe. Zschäpes Einlassung enthielt schließlich auch den Satz: „Ich entschuldige mich aufrichtig bei allen Opfern und Angehörigen der Opfer der von Uwe Mundlos und Uwe Böhnhardt begangenen Straftaten." Dies führte trotz der geschilderten vorangehenden Äußerungen und der offensichtlichen Spitzfindigkeit, sich für die Taten *anderer* zu entschuldigen, zu ersten Schlagzeilen, nach denen Zschäpe sich bei den Opfern entschuldigt habe. Redaktionelle Überarbeitungen und Ergänzungen ließen diese irreführenden Überschriften zumeist schnell verschwinden, dennoch wurde so wieder der Wunsch erkennbar, die Einlassung der weiblichen Angeklagten sei von Reue getragen.

Zschäpes ergänzende Erläuterungen auf Rückfragen

Zschäpe belastete zunächst keinen Mitangeklagten – nicht einmal diejenigen, die sie belastet hatten, obwohl solche Ausführungen möglicherweise das Strafmaß senken könnten. Mit Ausnahme der Toten Uwe Böhnhardt und Uwe Mundlos und zwei Verfassungsschutz- bzw. Polizeizuträgern aus der rechtsextremen Szene bezichtigte sie in der verlesenen Erklärung ohnehin keinen Rechtsextremen substanziell einer Straftat. Auf Nachfragen des Gerichts änderte Zschäpe diese Haltung nur geringfügig. Auch wenn in einigen Medien davon die Rede war, sie habe Neues zu Aufklärung beigetragen, blieb Zschäpes Aussageverhalten erkennbar strategisch motiviert. So suchte sie mit der Behauptung, ein gewisser Jan W. habe eventuell eine weitere Schalldämpfer-Pistole für Uwe Mundlos und Uwe Böhnhardt besorgt, dem Angeklagten Ralf Wohlleben zur Hilfe zu kommen. Diesem wird das Beschaffen der Ceska-Pistole mit Schalldämpfer vorgeworfen. Falls erfolgreich Zweifel daran gestreut werden kann, dass Wohlleben die Mordwaffe vermittelt hat, könnte er vom Vorwurf der Mittäterschaft am Mord in neun Fällen freigesprochen werden – so das Kalkül. Auch Zschäpes Behauptung, Andre E. und nicht dessen Ehefrau Susann E. habe ihr nach dem Wohnungsbrand in Zwickau frische Kleidung gegeben, dürfte für das Ehepaar verschmerzbar sein. Immerhin bleibt Susann E. so zumindest eine Anklage wegen Strafvereitelung erspart. Dass die beiden laut Zschäpe Kenntnis von den Banküberfällen des NSU gehabt haben sollen, war im Verlauf des Prozesses ohnehin offensichtlich geworden – über die Morde hätten sie aber angeblich nicht Bescheid gewusst. Es sind gerade solche Aussagen, die verdeutlichen, wie eng Beate Zschäpe zu rechtsextremer

Ideologie und Szene steht – auch wenn sie wohlweislich über Politik kaum ein Wort verliert.

„Die angebliche ‚Entschuldigung' für die Taten von Mundlos und Böhnhardt nehme ich nicht an: sie ist eine Frechheit, vor allem, wenn sie dann noch verbunden wird mit der Ansage, keine unserer Fragen zu beantworten" (Gamze Kubaşik, zitiert nach Jansen 2015b). Mit diesen Worten hat Gamze Kubaşik, Tochter des vom NSU 2004 in Dortmund ermordeten Mehmet Kubaşik, ihre Reaktion auf Zschäpes Erklärung zusammengefasst.

2.2. Die Wahrnehmung rechtsextremer Frauen am Beispiel des Umgangs mit Neonazi-Frauen in Sozialer Arbeit und Pädagogik

Im folgenden Kapitel wenden wir uns verschiedenen Feldern Sozialer Arbeit zu. Dass rechtsextreme Erscheinungsformen und Akteur_innen hier eine Rolle spielen, belegen – bevor es im Fachdiskurs breiter aufgegriffen wird – auch die Debatten um entsprechende Anfragen an die Bundesregierung. Da hier die gesellschaftspolitische Relevanz der Auseinandersetzung mit Rechtsextremismus in sozialen und pädagogischen Bereichen greifbar wird, geben wir einen kurzen Einblick in zwei Anfragen an die Bundesregierung aus den Jahren 2006 und 2013.

2006 wird in einer Antwort auf die Anfrage der Abgeordneten Diana Golze von der Partei Die Linke darauf verwiesen, dass eine Einmischung von rechtsextremen Akteur_innen in Bereiche nicht institutionalisierter Kinder-, Jugend- und Familienarbeit in Form von Familienfesten, Nachhilfe etc. zu beobachten sei. Zudem seien Aktivitäten in Bereichen institutionalisierter Hilfen wahrzunehmen. Die Bundesregierung problematisiert das Engagement, betrachtet es trotzdem nicht als strategische Unterwanderung. Im Weiteren wird erläutert, dass keine systematischen Informationen darüber vorliegen, ob und inwieweit Fachkräfte und Studierende im Bereich der Sozialen Arbeit *„einen rechtsextremen Überzeugungshintergrund aufweisen"* (Deutscher Bundestag 2006: 2ff.). Dennoch wird konstatiert, dass es rechtsextremen Organisationen insbesondere in strukturschwachen Gegenden punktuell gelänge, *„Versorgungs- und Angebotslücken im Bereich der Kinder- und Jugendarbeit mit eigenen Angeboten zu füllen"* (ebd.: 6).

Im Jahr 2013 wird eine kleine Anfrage u. a. vom SPD-Abgeordneten Willi Brase gestellt. Sie ist inhaltlich allgemeiner und bezieht sich auf Strategien der organisierten Rechtsextremen im ländlichen Raum. Die Vorbemerkung der Fragestellenden hebt hervor, die „zunehmende Durchdringung und Infiltrierung von Sportvereinen und freiwilligen Feuerwehren [ ] haben zu einer verstärkten Präsenz der extremen Rechten im Alltag geführt, die sich vor allem um die Rekrutierung von Kindern und Jugendlichen bemüht" (Deutscher Bundestag 2013b: 1). Aus der Antwort der Bundesregierung geht hervor, dass die NPD sich vermehrt um die Ausrichtung u. a. von Familien- und Kinderfesten bemühe (vgl. ebd.: 4). Auf die Fragen bezüglich des Auftretens der organisierten Rechten in Kinder- und Jugendarbeit, dem pädagogischen Bereich sowie der Beteiligung in Elternvertretungen antwortet die Bundesregierung, „Rechtsextremisten sind generell bestrebt, sich ehrenamtlich in örtliche gesellschaftliche Strukturen sowie im vorpolitischen Raum einzubringen. Dazu gehören beispielsweise auch Elternvertretungen von Kindertagesstätten und Schulen" (ebd.: 10). In den folgenden Unterkapiteln befassen wird uns mit verschiedenen Feldern Sozialer Arbeit und Pädagogik und verfolgen die in dieser Untersuchung relevanten Fragestellungen für die frühkindliche Pädagogik (2.2.1.), Jugendarbeit (2.2.2.), Familienhilfe (2.2.3.), Sozialarbeit im Kontext von häuslicher Gewalt (2.2.4.) und Pflege (2.2.5.).

2.2.1. Frühkindliche Pädagogik

Nach wie vor sind romantisierende Bilder über den Bereich der frühkindlichen Pädagogik virulent.[43] Kindertagesstätten und andere frühpädagogische Einrichtungen gelten immer noch in hohem Maße als weiblich konnotiert,[44] damit verbunden sind Konstruktionen von Friedlichkeit, Fürsorge und des Unpolitischen. Doch sehen sich auch Einrichtungen der frühkindlichen Pädagogik zunehmend mit Rechtsextremismus/Neonazismus konfrontiert. Das ist insofern nicht erstaunlich: Seit Jahren wird darauf verwiesen, dass es sich bei Rechtsextremismus um ein gesamtgesellschaftliches Problem handelt und rechtsextreme Einstellungen und Erscheinungsformen in allen gesellschaftlichen Institutionen anzutreffen sind. Darüber hinaus ist davon auszugehen, dass es sich hierbei nicht um ein gänzlich neues Problem handelt (Radvan/

43 | Bereits mit der Gründung der Kindergartenbewegung werden Bilder von Mütterlichkeit und Idylle in den Fach- und öffentlichen Diskurs eingeschrieben, zu allererst bei Pestalozzi, Begründer der Kindergartenbewegung, kritisch dazu vgl. Vinken 2011: 144ff.

44 | Auch wenn in den vergangenen Jahren zunehmend männliche Fachkräfte ausgebildet werden und im Bereich frühkindlicher Pädagogik tätig sind, heißt dies nicht zwangsläufig, dass kulturell tradierte Bilder über den Bereich als weiblich konnotiert und damit als idyllisch, friedlich, unpolitisch nachhaltig irritiert werden. Bereits die Tatsache, dass es in den letzten Jahren eine repräsentative Studie zum Thema „Männer in der Kita" gegeben hat (vgl. u. a. Cremers/Krabel 2015), jedoch keine in Bezug auf Frauen, zeigt, dass Frauen in der Sphäre der frühkindlichen Pädagogik nach wie vor das Selbstverständliche, das „Natürliche" repräsentieren. Das könnte ein Grund dafür sein, dass Studien, die sich mit geschlechtsbezogenen Motiven von Frauen für ihre Berufswahl auseinandersetzen, noch ausstehen.

Lehnert 2015: 178). Eine qualitative und quantitative Veränderung lässt sich jedoch seit den 2000er Jahren beobachten.

Für die Auseinandersetzung mit dieser Herausforderung ist es grundsätzlich wichtig, drei Ebenen sowohl im Blick zu haben als auch in der Bearbeitung voneinander abzugrenzen:

1. die Ebene der Fachkräfte (Erzieher_innen, Leitung, Träger),
2. die Ebene der Eltern
3. und die Ebene der Kinder selbst.

Wir beginnen unsere Auseinandersetzung mit der Elternarbeit (Ebene der Eltern). Dann fragen wir nach den pädagogischen Herausforderungen in der Arbeit mit den Kindern (Ebene der Kinder). In einem Teilbereich werden wir auch der Frage nach einer möglichen Kindeswohlgefährdung nachgehen. Abschließend fragen wir, inwiefern rechtsextreme Fachkräfte für den Bereich der frühkindlichen Pädagogik eine Herausforderung darstellen und in welcher Art und Weise das Kollegium, die Leitung und der Träger gefordert sind (Ebene der Fachkräfte). Veranschaulichen werden wir die Problematiken in den jeweiligen Bereichen unter Einbezug von Fallgeschichten. Wir beschreiben hier reale Fälle aus der Praxis. Aus Gründen des Personenschutzes haben wir diese in unterschiedlichem Maße anonymisiert und verfremdet. Mit der Darstellung und der Reflexion dieser Fallgeschichten wollen wir 1. die Situationen und Bedarfe in der Praxis beschreiben, 2. die damit einhergehenden Herausforderungen analysieren und 3. Handlungsempfehlungen entwickeln. Auch in weiteren Kapiteln des Buches greifen wir auf Fallgeschichten zurück, um die besonderen Herausforderungen jedes Bereiches anschaulich zu beschreiben und zu analysieren.

Herausforderungen für die Elternarbeit

Stella Hähnel ist eine Multifunktionärin derNeonazi-Szene. In jungen Jahren engagierte sie sich im mittlerweile aufgelösten Skingirl Freundeskreis Deutschland, war Mitgründerin der Gemeinschaft Deutscher Frauen und des Rings Nationaler Frauen (Frauenorganisation der NPD). Aktuell ist sie NPD-Abgeordnete im Kreistag Teltow-Fläming. Ein Jahr lang engagierte sich Stella Hähnel ehrenamtlich im Familienzentrum von Hohen Neuendorf und betreute dort u. a. Kinder. Sie war gut integriert und galt als „nett und freundlich, liebevoll zu den Kindern" (Litschko 2007). Eltern und Hauptamtliche reagierten schockiert, als sie erkennen mussten, dass sie mit einer rechtsextremen Kaderfrau zusammenarbeiteten. Nachdem Frau Hähnel aus dem Familienzentrum ausgeschlossen worden war, stellte sie sich im Nachbarort bei einer Kindertagesstätte mit einem Blumenstrauß vor und verwies offensiv auf ihre NPD-Mitgliedschaft.

Frau R. engagierte sich als zehnfache Mutter im mittlerweile verbotenen rechtsextremen Internetforum ‚Thiazi'. Als Moderatorin mit dem Pseudonym Enibas äußerte sie sich wiederholt offen antisemitisch und rassistisch. Im Internet verbreitete sie Rezepte und Bilder von Torten mit Hakenkreuz und Schwarzer Sonne und rief andere rechtsextreme Eltern dazu auf, sich in Sport- und Tierschutzvereinen zu engagieren (Röpke 2010: 107). Zeitgleich pflegte sie in der Öffentlichkeit das Bild der liebevollen Familienmanagerin. Sie war im Elternbeirat der Schule eines ihrer Kinder tätig und achtete hier besonders darauf, unerkannt zu bleiben: „Ich glaube, niemand würde mich mehr in den Elternbeirat wählen, [...] wenn ich in der NPD wäre. Dann täte man mich als ‚bösen Nazi' abstempeln und niemand würde mir zuhören." Sie schreibt: „Wir müssen nun schmiegsam und anpassungsfähig sein – wie es unser Führer so ergreifend sagte" (Speit 2010). Die rechtsextremen Aktivitäten von Frau R. wurden erst 2010 durch umfangreiche Recherchen der Antifa Freiburg öffentlich.

Diese Fälle verdeutlichen, dass rechtsextreme Frauen mit ihren politischen Einstellungen oft übersehen und nicht als solche erkannt werden. Hier wird das von uns bereits in der Einleitung benannte Prinzip der doppelten Unsichtbarkeit wirksam: Nach wie vor wird Mädchen und Frauen grundsätzlich weniger eine eigene politische Meinung zugetraut. Zudem gelten sie als friedfertig. Wenn Frauen sich rechtsextrem engagieren, verstärkt sich diese eingeschränkte Wahrnehmung, da Rechtsextremismus, ungeachtet wissenschaftlicher Erkenntnisse, immer noch sehr häufig als ein ‚männliches Phänomen' gesehen wird. Zudem zeigen die beiden Fallgeschichten, dass es für viele Personen schwierig zu sein scheint, rechtsextreme Orientierungen und Zugehörigkeiten von Frauen zu erkennen und sich mit ihnen kritisch auseinanderzusetzen, wenn eine persönliche Beziehung aufgebaut wurde und besteht. Verstärkt wird dies dadurch, dass rechtsextreme Frauen sehr strategisch vorgehen und sich bestehende Geschlechterstereotype zu Nutze machen, um unerkannt zu bleiben und gleichzeitig ihre Ideologie zu verbreiten.

In unserer mehrjährigen Beratungsarbeit in Einrichtungen frühkindlicher Pädagogik sind uns wiederholt Fälle begegnet, in denen sich Frauen aus rechtsextremen Familien gezielt in Elternvertretungen von Kindergärten und Schulen einbringen. Sie verfolgen das Ziel, Wahlämter zu übernehmen und somit in einflussreiche Positionen zu gelangen. Oft versuchen sie in einem ersten Schritt, Vertrauen bei den anderen Eltern aufzubauen, z. B. durch das Engagement für den Wiederaufbau des Spielplatzes, Kuchenbacken zum Kinderfest etc. In einem zweiten Schritt – wenn sie gute Kontakte und belastbare Beziehungen aufgebaut haben – bringen sie ihre Ideologie sehr gezielt ein und plädieren z. B. dafür, Bilder von der Wand zu entfernen, auf denen Kinder zu sehen sind, die vermeintlich nicht ‚deutsch' aussehen. Oder sie bringen Kinderbücher in die Einrichtung, deren Inhalte antisemitisch und rassistisch sind. Auch diese Fallbeispiele aus der Praxis bestätigen, dass es für Fachkräfte oft schwierig ist, rechtsextreme Frauen – gerade wenn diese strategisch vorgehen – mit ihrer rechtsextremen Ideologie und ihrem Engagement zu erkennen.

Welche Antworten müssen auf die beschriebenen Probleme gegeben werden? Schwierig wird es in der Praxis nicht erst, wenn eine oder auch mehrere Mütter – in rechtsextremen Familien sind es traditionell meist Mütter, die für die Kindererziehung verantwortlich sind – als Elternvertreterinnen gewählt wurden. Es geht vorwiegend darum, das Problem frühzeitig zu erkennen, um reagieren zu können, *bevor* rechtsextreme Frauen Einfluss gewinnen. Gleichzeitig ist eine demokratische Alltagskultur in den Einrichtungen zu etablieren sowie Kinderrechte in den Fokus pädagogischer Konzepte zu stellen. Wie jedoch ist eine erhöhte Sensibilisierung für aktuellen Rechtsextremismus zu erreichen?

Der modernisierte Rechtsextremismus ist in seinen Erscheinungsformen nicht mehr so ohne Weiteres erkennbar, neonazistische Frauen und Männer kleiden sich nicht unbedingt szenetypisch und sind vom äußeren Erscheinungsbild in vielen Fällen nicht mehr mit ihrer rassistischen und antisemitischen Weltanschauung zu erkennen. Nicht selten ist damit die Strategie verbunden, Anschluss an die Mitte der Gesellschaft zu finden, d. h. sich in der Nachbar_innenschaft beliebt zu machen und hierüber Personen für rechtsextreme Themen anzusprechen, die sich bislang für diese nicht interessiert haben. Gleichzeitig gibt es Personen, die ihre Ideologie sehr offensiv vertreten. In der Praxis ist es daher notwendig, Wissen über rechtsextreme Symbole, Kleidungsmarken und -stile zu haben, um Mitglieder oder Sympathisant_innen neonazistischer Ideologie und Gruppierungen zu erkennen. Rechtsextreme Versandhandel bieten Kleidung auch für Kinder an. Pädagog_innen stehen vor der Aufgabe, aufmerksam für solche Signale zu sein, sie ernst zu nehmen und einen Umgang mit ihnen zu entwickeln. Es geht um eine sensibilisierte Wahrnehmung gerade auch von alltagsrassistischen Äußerungen und anderen Diskriminierungen. Auch hierüber versuchen Neonazis gezielt, Anschluss an die Mehrheit zu gewinnen und neue Sympathisant_innen zu rekrutieren. Neben der Wahrnehmung solcherart Äußerungen steht das Etablieren einer demokratischen Konfliktkultur im Mittelpunkt: Ausgrenzung und Diskriminierung sollten im Team, aber auch mit den anderen Eltern so thematisiert werden, dass rechtsextreme Ideologie als solche kenntlich gemacht und ihr entgegnet wird. Diejenigen Eltern, die sich rechtsextrem orientieren oder engagieren, sollten keine Chance bekommen, über Alltagsrassismen und andere Ideologien der Ungleichwertigkeit Zustimmung oder gar Mehrheiten zu erreichen. Um eine demokratische Alltagskultur abzusichern und zu stärken, ist eine demokratische Leitbildentwicklung ein sinnvoller Schritt. Wir werden im Folgenden konkretisierend darauf eingehen.

Pädagogische Arbeit mit den Kindern

In einer Kindertagesstätte fällt ein Junge dadurch auf, dass er Hakenkreuze und Runen zeichnet und dies auf Nachfrage argumentativ rechtfertigt. Gleichzeitig verweigert er, mit Kindern zu spielen, die eine dunklere Hautfarbe oder eine Beeinträchtigung haben. Zudem spielt er sehr gerne Krieg und ist gegenüber anderen Kindern aggressiv und gewalttätig.

In einer anderen Einrichtung fällt ein Geschwisterpaar dadurch auf, dass sie besonders zurückhaltend sind und wenig von zu Hause, z. B. vom Wochenende, erzählen. Deshalb verweigern sie ihre Teilnahme am Morgenkreis zum Wochenbeginn. Gleichzeitig gibt es keine sogenannten Disziplinprobleme, diese Kinder scheinen besonders ‚gut zu spuren'. Außerdem sind traditionelle Geschlechterrollen in den Erziehungsstilen erkennbar: Das Mädchen trägt Kleider und Zöpfe, es wird zu Hause zu Haus- und Handarbeiten angeleitet, der Junge wird stark körperlich gefordert und gedrillt. Beide kommen häufig am Morgen in die Einrichtung, nachdem sie bereits einen 5-km-Lauf absolviert haben.

Anna lädt ihre Freund_innen aus der Kita zum Kindergeburtstag ein. Einige Eltern, deren Kinder eingeladen sind, wissen um die NPD-Mitgliedschaft von Annas Eltern. Sie bitten die Erzieher_innen um Rat, wie mit der Einladung umzugehen sei.

In diesen Fällen zeigt sich, dass die betroffenen Kinder mit Erziehungsstilen konfrontiert sind, die ihre Entwicklung zu einer ganzheitlichen Persönlichkeit mit eigenen Wahlmöglichkeiten stark begrenzen. Gleichzeitig wird deutlich, dass diese Kinder in eine Alltagskultur der Diskriminierung, Ungleichwertigkeit und Gewalt einsozialisiert werden, die sie in das eigene Handlungsrepertoire aufnehmen. Dadurch kommen sie wiederholt in dilemmatische Situationen, da sie den Anforderungen eines demokratischen und gewaltfreien Miteinanders aufgrund der zu Hause vermittelten Ideologie nicht gerecht werden können. Diese Kinder geraten unter Entscheidungsdruck, der nicht altersgerecht ist und sie überfordert. Was in diesen Fällen unbenannt bleibt, aber eine elementare Herausforderung für Pädagog_innen darstellt, ist die Frage, wie mit der gesamten Gruppe umzugehen ist. Das beinhaltet auch den Umgang mit Diskriminierung oder Gewalt, die von Kindern ausgehen kann, die in neonazistisch orientierten oder organisierten Familien aufwachsen. Zum einen geht es hier um die Wahrung eines Schutzraums vor Diskriminierung und Ausgrenzung. Gleichzeitig ist es unabdingbar, ein Miteinander zu etablieren, das ein Erlernen und Erleben demokratischen Handelns ermöglicht. Hierzu zählt auch das Erfahrbarmachen der Prämisse, dass alle Menschen, unabhängig von verschiedenen Zugehörigkeiten oder körperlichen und geistigen Ausstattungen, gleichwertig und gleichberechtigt sind.

Pädagog_innen stehen vor der Aufgabe zu erkennen, in welchen familiären Situationen Kinder aufwachsen, und sollen diese in der Entwicklung einer eigenständigen Persönlichkeit unterstützen. Wie jedoch lässt sich feststellen, ob ein Kind bei Eltern aufwächst, die sich rechtsextrem orientieren? Und was folgt daraus für das pädagogische Handeln? Zunächst lässt sich sagen, dass man nicht von einem einheitlichen Erziehungsstil im aktuellen Rechtsextremismus sprechen kann. So sind Erziehungsmethoden, die auf Härte, Durchhaltevermögen und Folgsamkeit ausgerichtet sind, nicht in der gesamten Szene verbreitet. Es ist davon auszugehen, dass es nicht ‚den dominanten Stil', sondern verschiedene Erziehungsstile gibt. Unabhängig davon verfolgen Eltern, die Teil der Neonazi-Szene und von deren weltanschaulichen Ideen überzeugt sind, das Ziel, ihren Nachwuchs ideologisch zu prägen. Man muss annehmen, dass diese Kinder mit einem rechtsextremen Weltbild aufwachsen und dass sie lernen, dass Menschen aufgrund von Herkunft und/oder Lebensweise unterschiedlich viel wert seien. Solcherart Positionen denken sich Kinder nicht selbst aus, sie lernen – in diesem Falle sehr wahrscheinlich im Elternhaus und dessen Umfeld – zu diskriminieren.

In rechtsextremen Online-Foren diskutieren Neonazi-Eltern oft über Erziehung. Auffällig ist dort die Ablehnung von Anglizismen, das Internet heißt ‚Weltnetz', T-Shirts werden als ‚T-Hemden' bezeichnet und auch die aus Italien stammende ‚Pizza' wird lieber ‚Gemüsetorte' genannt. Einigkeit herrscht weitgehend darüber, dass Kinder frühzeitig Gehorsam und Pflichtbewusstsein lernen sollen; ebenso, dass Jungen und Mädchen verschiedene Rollen und gesellschaftliche Positionen und damit verbundene Aufgaben und Pflichten haben. In diesen Foren wird auf antisemitische Brettspiele hingewiesen und es werden Erziehungsratgeber empfohlen. Das sind zumeist Bücher aus der Zeit des Nationalsozialismus, die z. T. aber auch nach 1945 partiell überarbeitet in der Bundesrepublik aufgelegt wurden, z. B. das Buch von Johanna Haarer *Die deutsche Mutter und ihr erstes Kind*. Darin wird eine strenge, autoritäre Erziehung empfohlen und dazu geraten, Kinder nicht zu „verzärteln". Die Mutter solle „hart werde(n)" (Haarer 1936: 173) und auf das Weinen des Kindes gerade nicht mit emotionaler Zuwendung reagieren. Haarer vermittelte in ihren Büchern nationalsozialistische Ideologie. Die in der Bundesrepublik erschienene Neuauflage des Buches war dahingehend bereinigt; weiterhin empfohlen wurden jedoch Erziehungsmaßnahmen im Sinne von Härte, Gehorsam und Unterwerfung.

In der Praxis sollten mehrere Bereiche beachtet werden. Im Umgang mit Kindern, die sich diskriminierend oder gewalttätig verhalten, geht es darum, angemessen pädagogisch zu intervenieren und verständliche Grenzen gegenüber Gewalt und Diskriminierung zu setzen. Neben einer eindeutigen Grenzsetzung ist es notwendig, eine altersangemessene Auseinandersetzung in der Gruppe zu ermöglichen. Es kann sinnvoll sein, gemeinsame Regeln auszuhandeln oder auch ‚Kummerkästen' aufzustellen. Im Sinne von Primärprävention sind die Einbeziehung von Ansätzen der Vielfalt- und Demokratiepädagogik sowie Projekte zu Kinderrechten sinnvoll. Ganz grundsätzlich sind hier auch konzeptionelle Überlegungen für die Umsetzung der pädagogischen Arbeit in der Einrichtung angesprochen. So ist es wichtig, auf eine Vielfalt der Zugehörigkeiten sowohl aufseiten der pädagogischen Fachkräfte als auch der Kinder zu achten. Stereotype jeglicher Art können unterlaufen werden, wenn z. B. Toberäume nicht nur für Jungen und Kuschelecken nicht nur für Mädchen gedacht werden, das Speiseangebot in der Einrichtung unterschiedlichen religiösen und kulturellen Ansprüchen gerecht wird und unterschiedliche ethnische Herkünfte sich auch im pädagogischen Material spiegeln. Vielfalt positiv zu begegnen, kann auch heißen, gezielt Eltern anzusprechen, die einer anderen Einkommensgruppe oder Bildungsschicht als die Mehrheit angehören oder die eine Migrationsgeschichte mitbringen, sowie Kinder einzubeziehen, die aus Regenbogenfamilien kommen.

Eine Alltagskultur, die Verschiedenheiten selbstverständlich für alle als gleichwertig erfahrbar werden lässt, ist bereits ein wirksamer Ansatz der Primärprävention gegen Rechtsextremismus. Es gilt, eine Kultur der Verschiedenheit und Gleichwertigkeit aller im Alltag der Kinder erfahrbar zu machen. Damit wird der Vorstellung einer homogenen ‚Volksgemeinschaft' und der Ungleichheit verschiedener Gruppen – zentrale Ideologeme von Neonazis – praktisch etwas entgegengesetzt. Zudem zeigt die Praxis, dass eine offensive Auseinandersetzung mit zunächst einmal allen Eltern unabdingbar ist. Davon ausgehend, dass es Eltern generell um das Wohlergehen ihrer Kinder geht, ist es sinnvoll, Arbeitsbeziehungen auch mit rechtsextrem orientierten oder organisierten Eltern einzugehen. Fachkräfte, die möglicherweise von Neonazis als Feind_innen wahrgenommen werden, sollten von ihren Kolleg_innen solidarisch unterstützt und geschützt werden; sinnvoll kann hier die Entwicklung eines Schutzkonzeptes sein. Arbeitsbeziehungen mit rechtsextrem orientierten oder organisierten Eltern einzugehen, beinhaltet nicht das Tolerieren von Diskriminierung – vielmehr ist wesentlich, dass sich Pädagog_innen eindeutig positionieren. Und es zeigt sich, dass rechtsextreme (und rechtsextrem orientierte) Eltern, denen Grenzen der Zusammenarbeit aufgezeigt werden, durchaus positiven Einfluss auf ihre Kinder, z. B. auf deren gewalttätiges Verhalten, nehmen, was letztlich deren Entwicklung und dem Klima der Einrichtung zugutekommt.

Über den unmittelbaren Umgang mit rechtsextrem orientierten und organisierten Eltern hinaus sollten Erscheinungsformen von Rechtsextremismus mit allen Eltern in der Einrichtung thematisiert werden. Das kann z. B. in Form eines Elternabends oder eines Infotages mit externen Expert_innen geschehen. Gleichzeitig sollte die direkte Auseinandersetzung darüber, wie mit alltagsrassistischen und/oder anderen Diskriminierungen umzugehen ist, wesentlich sein. Auch für die Frage des Umgangs mit der beschriebenen Geburtstagseinladung ist es sinnvoll, sich abzusprechen. Alternativen können z. B. darin bestehen, die Feier in die Kita zu verlegen oder Eltern zu empfehlen, ihre Kinder auf den Geburtstag zu begleiten. Eltern sollten ermutigt werden, sich mit ‚ungeliebten Themen' wie Rassismus und Diskriminierung an die Kita zu wenden.

Die Frage von Kindeswohlgefährdung

Im Kontext der pädagogischen Arbeit mit Kindern, die in rechtsextrem organisierten Familien aufwachsen, geht es auch um die Diskussion einer möglichen Kindeswohlgefährdung. Oft geraten Kinder in einen Loyalitätskonflikt zwischen den Ansprüchen der Herkunftsfamilie und den dazu diskrepanten Anforderungen im Außen. Viele werden in Freund-Feind-Bilder einsozialisiert, was letztlich den möglichen Erfahrungsraum Heranwachsender einschränkt. Beide Themen betreffen den Straftatbestand der Kindeswohlgefährdung.

Allgemein ist zu beachten, dass das Elternrecht ein hohes Gut in unserem Grundgesetz ist. Es kann, gerade auch aus demokratischer und historischer Perspektive, nicht darum gehen, Kinder ohne Weiteres aus ihren Elternhäusern herauszunehmen. Nicht zuletzt ist dies auch eine pädagogische Frage, die sich angesichts der Loyalität von Kindern gegenüber ihren Eltern stellt. Man weiß, u. a. aus der Arbeit mit Kindern, die in Familien aufwachsen, die sich in christlich-fundamentalistischen Gruppierungen bewegen, um die kontraproduktive Wirkung, die eine gegen den Willen von Kindern durchgesetzte Herausnahme haben kann. Kinder versuchen, die ihnen zugewiesenen Pflegefamilien zu verlassen, ihnen zu ‚entfliehen' und zu ihren Eltern zurückzukehren, auch wenn es sich dort um nachweisbare Zwangs- und Gewaltsituationen handelt.

Aufgabe demokratischer pädagogischer Institutionen sollte es sein, Kinder zu stärken und ihnen in diesem Fall einen alternativen Erfahrungsraum zu ihrem Elternhaus zu eröffnen. Kita und Schule sind diejenigen Institutionen, die es ermöglichen können, den Kindern einen demokratischen Alltag erlebbar zu machen. Insofern sehen wir die Aufgabe von Pädagog_innen zuallererst darin, hier anzusetzen und letztlich ein Fenster offenzuhalten, damit diese Kinder eines Tages selbstständig entscheiden können, ob sie einen anderen Weg gehen wollen oder erwachsener Teil der rechtsextremen Szene werden/bleiben. Es ist sinnvoll, den Kontakt zu diesen Kindern nicht zu verlieren. Von Aussteiger_innen wissen wir, dass oft ein Mensch für sie entscheidend war, der sie als Person akzeptiert, aber in ideologische Widersprüche verwickelt hat. Ausgrenzung ist in der Arbeit mit Kindern keine Lösung, bei anderen Zielgruppen ist dies anders zu diskutieren. Ein Problem besteht darin, dass die Kinderbetreuung zunehmend stärker in der rechten Szene selbst organisiert wird. Es gibt rechtsextreme Hebammen und Tagesmütter. Manche Kinder kommen erst mit der Einschulung in Kontakt mit demokratischen Strukturen. Hier liegt die Aufgabe von Pädagog_innen darin, diese Kinder wahrzunehmen, zu beobachten, welche Unterstützung sie brauchen, und im Blick zu haben, dass es perspektivisch für diese Kinder möglich sein kann und sollte, das Milieu, in dem sie aufgewachsen sind, zu verlassen.

Umgang mit rechtsextrem orientierten oder organisierten Erzieher_innen

Birkhild T. ist seit vielen Jahren in der rechtsextremen Szene aktiv, z. B. bei Festen der NPD. Die fünffache Mutter organisierte jahrelang eine kleine „nationale Frauengruppe" und unterstützte diese u. a. in Erziehungsfragen. Bis zum Verbot schickte Birkhild T. die eigenen Kinder zur ‚Heimattreuen Deutschen Jugend'. Als Erzieherin war sie langjährig in einer kommunalen Einrichtung in Niedersachsen angestellt. Nach dem Ende einer langjährigen Erziehungszeit kehrt sie in ihren Beruf zurück. Die Recherchen einer Journalistin machen ihre Tätigkeit öffentlich. Einige Kolleg_innen sehen keinen Bedarf, die Zusammenarbeit zu beenden. Birkhild T. habe gut mit den Kindern gearbeitet und die Ideologie außen vor gelassen. Eine Elterngruppe engagiert sich für eine Beendigung des Arbeitsverhältnisses. Dies erweist sich für den kommunalen Träger als äußerst schwierig. Erst nach drei Jahren und verschiedenen Verfahrensschritten gelingt es, den Vertrag zu beenden (Rietzschel 2013; Röpke/Speit: 2010; Speit 2013).

Eine christliche Kita beendet das Arbeitsverhältnis mit der Erzieherin Nicola B. Unerkannt war sie mehrere Jahre als Moderatorin für das rechtsextreme Internetportal Thiazi tätig (Radtke 2014). Dort hetzte sie antisemitisch und gegen Sinti und Roma. Noch vor ihrer Entlassung aus der Kita distanziert sich Nicola B. von „rechtsradikalem und nationalsozialistischem Gedankengut". Dies passe nicht „zu meinen streng katholischen Grundwerten", sagt sie. Nicola B. hatte sich jedoch bereits früher offen rassistisch geäußert. Als Erzieherin in Rheinland-Pfalz schrieb sie, dass es in ihrem Ort „keinen einzigen Schwarzen (gibt). Wenn ich in die nächste größere Stadt fahre, ist das Bild aber schon wieder ein völlig anderes, und dort würde ich mein Kind auch um keinen Preis in die Kita schicken wollen" (Fröhlich 2014). Nach der Veröffentlichung der rechtsextremen Tätigkeit von Nicola B. durch die Antifa Freiburg zeigt sich die Vereinsvorsitzende der Kindertagesstätte in einer ersten Äußerung sehr erstaunt. Auch nach Rücksprache mit Eltern und Kolleg_innen vermittelt sie, dass sie keinen Anlass für eine Beendigung der Zusammenarbeit sehe, solange Frau B. sich auch weiter an die Grundsätze des Vereins halte: „Solange sich alle Mitarbeiter dienstlich wie privat an unsere Grundsätze zur Nächstenliebe halten, sehen wir keinen Anlass, etwas zu unternehmen" (Wachs 2014). Wenige

Tage später beendet der Verein die Zusammenarbeit mit Nicola B. (Märkische Allgemeine 2014).

Auch in der Auseinandersetzung mit rechtsextrem orientierten oder organisierten weiblichen Fachkräften sind wir mit dem Prinzip der ‚doppelten Unsichtbarkeit' konfrontiert: Den Kolleg_innen fällt es oft schwer, sich mit der Tatsache, dass die ‚nette Kollegin' über ein rechtsextremes Weltbild verfügt, auseinanderzusetzen oder sich von dieser inhaltlich abzugrenzen. Konzentriert wird sich – und diese Erfahrung entspricht auch unserer Beratungspraxis – auf den ‚liebevollen' und auf den ersten Blick unideologischen Umgang der Fachkraft mit den Kindern. Ein netter, liebevoller, als ‚mütterlich' wahrgenommener Umgang mit Kindern reicht aus, damit die mögliche rechtsextreme Weltanschauung in den Hintergrund tritt oder gar nicht als Problem wahrgenommen wird. So scheinen in den von uns gegebenen Beispielen eine oder mehrere Kolleg_innen, im zweiten Beispiel auch die Leitung, davon auszugehen, dass es möglich ist, die rechtsextreme politische Weltanschauung ‚draußen zu lassen'. Indessen wird bei dieser Annahme unterschätzt und verkannt, dass das Auftreten und pädagogische Handeln der rechtsextremen Kollegin einen wichtigen Teil ihrer Strategie darstellen kann. Zusätzlich wird die Gefährlichkeit der Ideologie der Ungleichwertigkeit unterschätzt. Nett und ‚mütterlich' zu sein, bedeutet mitnichten, allen Kindern ungeachtet ihrer jeweiligen Hintergründe gleichermaßen gerecht zu werden oder sie gleichwertig zu behandeln. Eine rechtsextreme Weltanschauung kann nicht wie ein Kleidungsstück für die Dauer eines Arbeitstages an der Garderobe abgegeben werden. Freundlich und fürsorglich aufzutreten und die menschenverachtende rechtsextreme Ideologie zu leben, muss nicht im Widerspruch zueinander stehen.

In der Auseinandersetzung mit einer rechtsextrem orientierten oder organisierten Fachkraft ist die gesamte Einrichtung gefordert. Erhärtet sich ein möglicher Verdacht oder stellt sich als richtig heraus und wird die Entscheidung getroffen, sich von der jeweiligen Kollegin zu trennen, müssen alle drei Ebenen systematisch in den Blick genommen werden: Einerseits muss gezielt, wie ja auch unsere Beispiele illustrieren, mit den Kolleg_innen gearbeitet werden. Es gilt dabei, für rechtsextreme Erscheinungsformen und rechtsextreme Ideologien zu sensibilisieren und deutlich zu machen, warum diese mit einer demokratischen Weltanschauung und einer an den Menschenrechten orientierten Pädagogik nicht zu vereinbaren sind.

Ebenso unumgänglich ist es, dass die Leitung sich ihrer Vorbildfunktion bewusst wird und sich klar und bestimmt gegen rechtsextremes und rassistisches Gedankengut in der Einrichtung und damit auch bei den Kolleg_innen positioniert und in der Lage ist, die Trennung von der jeweiligen Fachkraft auch inhaltlich begründen zu können. Zudem ist es ihre Aufgabe, die Eltern über den Schritt zu informieren. So kann ein Infoabend zum Thema Rechtsextremismus und Rassismus unter Einbeziehung von (lokalen) Expert_innen ein geeignetes Mittel sein, sowohl auf die gesamte Problematik hinzuweisen als auch das Handeln von Leitung und Team zu erklären. Mit den Expert_innen können konkrete Fragen und Unsicherheiten der Eltern besprochen werden. Außerdem sind diese in der Lage, eine Einschätzung der regionalen rechtsextremen Strukturen und Strategien zu geben. Auf die meisten Fragen gibt es keine einfachen Antworten; es ist notwendig, dass Fachkräfte und demokratisch orientierte Eltern hierzu eine Position erarbeiten. Ebenso unerlässlich ist eine vertrauensvolle Kommunikation, aber auch das Wissen darum, wie rechtsextreme Erziehung zu erkennen ist und was sie ausmacht.

Nicht zuletzt ist es gleichermaßen wichtig, die Trennung von der Kolleg_in auch gegenüber den Kindern zu erklären und altersgerecht aufzubereiten, dass in der Einrichtung kein Platz für eine derartige Weltanschauung ist. Den Kindern muss ausreichend Raum dafür gegeben werden, Fragen zu stellen und Gefühle wie Traurigkeit und Verlust äußern zu können.

Maßgebend förderlich ist die Entwicklung eines demokratischen Leitbildes, das dem Alltag in der Einrichtung zugrunde liegt. Es handelt sich hierbei um einen längerfristigen Prozess, in dessen Verlauf Kolleg_innen miteinander aushandeln und möglichst konkret formulieren, was ein demokratisches Miteinander in der Kita heißt. Dabei wird geklärt, was unter Diskriminierung, z. B. unter rassistischen Äußerungen, zu verstehen ist, dass solche Äußerungen und Handlungen nicht toleriert werden und wie mit ihnen umgegangen bzw. ihnen entgegengetreten wird. Ein demokratisches Leitbild kann und sollte Grundlage von Arbeitsverträgen sein. Dementsprechend kann es auch für eine Kündigung herangezogen werden. Auf weitere Aspekte, die bei der Entwicklung eines demokratischen Leitbildes beachtet werden sollten, verweisen wir in Kapitel 2.2.3.

2.2.2. Jugendarbeit

Während der Bereich der frühkindlichen Pädagogik nach wie vor sehr stark als „weiblich" konnotiert gelten kann (vgl. Kapitel 2.2.1.) und historisch gesehen von Beginn an durch das Prinzip der „geistigen Mütterlichkeit" bzw. der Annahme einer „wesensgemäßen Eignung" von Frauen für die Pflege und Fürsorge von Kleinkindern geprägt war, lassen sich diese Bezüge für den Bereich der Jugendarbeit anders beschreiben.[45] Geschichtlich gesehen, sind beide

45 | Im Abschlussbericht des Modellprojektes „Mut vor Ort-Arbeit mit rechten Jungen und Mädchen" wird jedoch darauf verwiesen, dass Jugendarbeit in Sachsen nach wie vor als ein prekäres, eher weiblich konnotiertes Berufsfeld wahrgenommen wird: So gelte sie „häufig als „Frauenarbeit" und/oder ‚Non-Profession' ohne abrechenbare, wertschöp-

Bereiche mit ihrer Entstehung von männlichen Theoretikern geprägt. In der Praxis gestaltet sich dies – in Gegenwart und Geschichte – unterschiedlich, männliche Fachkräfte sind in quantitativ höherem Maße in Einrichtungen der offenen Jugendarbeit, der Straßensozialarbeit und in der Jugendhilfe tätig als in Kindertageseinrichtungen. Gleichzeitig wird Jugendarbeit als Feld aufgefasst, in dem eine Auseinandersetzung mit politischen Fragestellungen zur Aufgabenbeschreibung der hier Tätigen zählt (während der Bereich der frühkindlichen Pädagogik häufig als weitgehend „unpolitisch" gezeichnet wird).[46] So entwerfen und artikulieren Jugendliche – anders als Kinder – erste Entwürfe und Versatzstücke von komplexeren Weltanschauungen[47] und politischen Einstellungen, die sich in der Adoleszenz konturierter ausprägen. Es ist Aufgabe pädagogischen Handelns im Feld der Jugendarbeit, in diesbezügliche Thematisierungen mit den Adressat_innen zu treten und sie bei Lernprozessen zu begleiten und zu unterstützen. Neben den genannten Unterscheidungen zwischen beiden Bereichen ließen sich eine Vielzahl weiterer Differenzen, aber auch Gemeinsamkeiten formulieren. Wir pointieren vor dem Hintergrund unserer Fragestellung die genannten zwei Aspekte – das Bild eines „weiblich konnotierten Bereiches frühkindlicher Pädagogik" und die Thematisierung politischer Fragestellungen in der Jugendarbeit. Wir gehen davon aus, dass Frauen und Mädchen, die sich rechtsextrem orientieren, einer „doppelten Unsichtbarkeit" (s. o.) im Kontext stereotyper Bilder über eine Friedfertigkeit und ein Unpolitisch-Sein von Frauen unterliegen und mit ihren Einstellungen und ihrem Verhalten aus dem Blick geraten können. In Arbeitsfeldern, die als weiblich konnotiert gelten, kann sich diese Wahrnehmungsdisposition noch einmal verstärken. Dementsprechend werfen wir im Folgenden einen differenzierenden Blick darauf, in welcher Form Fachkräfte der Jugendarbeit Adressat_innen mit ihren Einstellungen und Verhaltensweisen wahrnehmen: Inwiefern prägt das Bild der „unpolitischen Frau" den Umgang mit Adressatinnen in der Jugendarbeit? Welche Rolle spielen geschlechtsspezifische

---

fende Ergebnisse [...] als prekäres Arbeitsfeld" (Mut vor Ort 2014: 16). Obwohl zumeist von einer männlichen Dominanz sowohl aufseiten der Mitarbeiter_innen als auch der Besucher_innen in der offenen Kinder- und Jugendarbeit ausgegangen wird, kann konstatiert werden, dass 59 Prozent der Mitarbeiter_innen Frauen sind (vgl. Schmidt 2011: 24).

46 | Diese Wahrnehmung ändert sich, wenn z. B. für den Bereich der Demokratiepädagogik davon ausgegangen wird, dass eine diesbezügliche Thematisierung und Auseinandersetzung im Kindesalter beginnen sollte, um entsprechende Orientierungen als handlungsleitend, also habituell verankert, auszuprägen. In diesem Zusammenhang ist insbesondere auf das Konzept der „vor-vorurteilsbewussten Erziehung" des Projektes „Kinderwelten" zu verweisen (Wagner 2013).

47 | Vgl. hierzu Schäuble 2011: 74–94.

Wahrnehmungsweisen übergreifend (in unterschiedlichen Feldern von Sozialer Arbeit und Pädagogik)?

Prävention von Rechtsextremismus – zum Begriff und Geschichte einer Praxis

Sozialpädagogische Arbeit mit Jugendlichen lässt sich auf unterschiedlichen Ebenen der Prävention[48] systematisieren.[49] So wird unter primärer Prävention das Verhindern problematischer Handlungsweisen im Vorfeld verstanden (vgl. hier und im Folgenden Radvan 2013: 14f.). Handlungsfelder finden sich u. a. in Ansätzen der Diversity-, Menschenrechts- und Demokratiepädagogik, der außerschulischen nichtrassistischen Bildungsarbeit und der offenen Jugendarbeit. Mit sekundärer Prävention sind Ansätze gemeint, die eine Verstärkung bereits bestehender problematischer Einstellungen und Handlungsweisen zu verhindern suchen, beispielhaft lassen sich jugendpädagogische Ansätze in der Arbeit mit rechtsextrem orientierten Jugendlichen anführen. Tertiäre Prävention reagiert auf bereits manifeste Einstellungen und/oder Haltungen und bezieht sich auf den Bereich der Rehabilitation, in der Praxis finden sich dazu Ansätze in der Jugend- und Einzelfallarbeit oder in Angeboten in Einrichtungen des Justizvollzuges. Pädagogische Fragestellungen werden für diesen Bereich oft im Kontext von Anti-Gewalt- und Anti-Aggressivitätstrainings diskutiert[50] und in Richtung ausstiegsorientierter Arbeit gedacht.

Über einen langen Zeitraum wurde die Prävention von Rechtsextremismus unter Gewaltprävention subsumiert. So liegen vereinzelt dichte Beschreibungen und Analysen jugendpädagogischer Praxis aus den 1970er Jahren vor (vgl. Radvan 2010: 10), neonazistische Orientierungen tauchen hier nur am Rande auf. In den späten 1980er Jahren wird in Westdeutschland – erstmalig in Bremen – über die Arbeit mit rechtsextrem orientierten Jugendlichen dis-

48 | Dem Gegenstand unserer Veröffentlichung folgend, setzen wir uns mit Prävention auseinander. Grundsätzlich ist darauf hinzuweisen, dass vor dem Hintergrund einer immer größeren Schwierigkeit, Regelangebote in der z. B. offenen Jugendarbeit zu finanzieren, der Hinweis auf Prävention notwendig geworden ist. Prävention meint immer auch, „Schlimmeres" zu verhüten. Mit einer solchen professionellen Perspektive wird jedoch eine ressourcenorientierte Haltung gegenüber den Jugendlichen erschwert (zum kritischen Umgang mit dem Präventionsbegriff vgl. u. a. Lüders 2011).

49 | Peter Rieker zählt neben den folgenden weitere Begriffe für die Präventionsarbeit auf, die sich auf verschiedene Zielgruppen und Kontexte beziehen (Rieker 2009: 12ff.). Aus Gründen der Übersichtlichkeit sollen hier die aufgeführten Begriffe verwendet werden. Nicht zuletzt decken sie die in der Praxis vorliegenden Angebote durchaus ab.

50 | Zu Ansätzen der Konfrontationspädagogik, insbesondere zum Anti-Aggressivitätstraining vgl. u. a. Weidner/Kilb 2004. Zur Kritik vgl. u. a. Albert Scherr (2002). Differenzierte Antworten auf kritische Fragestellungen im Umgang mit der Zielgruppe und der Wirksamkeit der Ansätze gibt das Violence Prevention Network, deren Evaluationen online einsehbar sind.

kutiert und in den Kontext des akzeptierenden Ansatzes gestellt.[51] Das Konzept der „akzeptierenden Jugendarbeit" wird entwickelt (Krafeld 1996).

Spätestens seit den Pogromen in Rostock und Hoyerswerda und seit rechtsextremen Brandanschlägen u. a. in Mölln und Solingen Anfang der 1990er Jahre war bewusst geworden, dass aus einer demokratischen Perspektive die Präventions- und Interventionsarbeit von und gegen Rechtsextremismus intensiviert werden musste.[52] Zu den besorgniserregenden Entwicklungen in den alten und neuen Bundesländern kam erschwerend hinzu, dass in den neuen Bundesländern kaum auf eine demokratisch orientierte, langjährig gewachsene und breit aufgestellte Zivilgesellschaft und auf keine etablierte Jugendhilfestruktur zurückgegriffen werden konnte.[53] Die bisherigen Strukturen waren gerade abgewickelt worden. Das erste Bundesprogramm AgAG („Aktionsprogramm gegen Aggression und Gewalt" unter der Zuständigkeit der damaligen Ministerin für Jugend Angela Merkel) war gleichermaßen für den Aufbau neuer Jugendhilfestrukturen und der Auseinandersetzung mit Gewalt und Rechtsextremismus konzipiert.[54] Ähnlich folgenreich wie die Ori-

51 | Mitte der 1980er Jahre beginnt sich die Skinheadbewegung auch in Westdeutschland als eine jugendliche Subkultur zu etablieren. Deren Anhänger_innen sind in der BRD, im Unterschied zu Großbritannien, in der großen Mehrheit politisch rechts oder rechtsextrem orientiert. Eine Gruppe von Studierenden und Praktiker_innen begann in einem Stadtteil in Bremen unter der fachlichen und wissenschaftlichen Begleitung von Hans-Josef Krafeld, ein sozialpädagogisches Konzept für diese Jugendlichen zu erarbeiten. Konzeptionell modifizierten sie den „aktzeptierenden Ansatz" aus der Drogenarbeit und übertrugen diesen auf das Feld der offenen und aufsuchenden Jugendarbeit (zur Geschichte der Etablierung der Skinheads in der BRD vgl. Dornbusch/Raabe 2002).

52 | Die Bekämpfung von und die Auseinandersetzung mit Rechtsextremismus ist immer eine gesamtgesellschaftliche. Wir haben es bei diesem Problem weniger mit „Extremismus" als vielmehr mit problematischen Einstellungen zu tun, die weit in die Mitte der Gesellschaft reichen (vgl. Einleitung). Ungeachtet dessen, dass das Thema unserer Veröffentlichung viele Bereiche von Sozialpädagogik umfasst, deren Zielgruppen oft Kinder und Jugendliche sind (insbesondere in den Bereichen der Primär- und Sekundärprävention), nehmen wir Rechtsextremismus keinesfalls als „Jugendproblem" wahr. Dass es insbesondere in der Auseinandersetzung mit Präventionsarbeit häufig um diese Zielgruppen geht, ist u. a. schlicht auch damit zu begründen, dass Senior_innenarbeit in diesem Feld (zu) selten vorkommt und als weniger wirksam und nachhaltig angesehen wird.

53 | Zusätzlich erschwerend kam hinzu, dass Neonazis und Vertreter_innen der extremen Rechten aus den alten und neuen Bundesländern sich unmittelbar nach der Wende vernetzt hatten (zur Rolle der NPD bei den Pogromen in Rostock vgl. u. a. Prenzel 2012).

54 | Das Bundesprogramm der CDU/CSU/FDP-Koalition wurde in Reaktion auf die Pogrome in Rostock und Hoyerswerda aufgelegt. Auch wenn das Thema „Rechtsextremismus" eine zentrale Rolle spielte, wurde es im Titel des Aktionsprogramms – „Gegen Aggression und Gewalt" – nicht genannt. Über die Umsetzung des Programms gab es kritische Diskurse sowohl in der Öffentlichkeit als auch in Theorie und Praxis in Bezug auf die Kategorie Geschlecht (vgl. hierzu Stützel 2013).

entierung an „Gewalt und Aggression" gestaltete sich die nur in Ansätzen modifizierte und damit weitgehend unreflektierte Übernahme des Ansatzes der „akzeptierenden Jugendarbeit" für die Arbeit mit rechtsextrem orientierten Jugendlichen in die neuen Bundesländer. So war der Ansatz ursprünglich für die Bedingungen einer westdeutschen, multikulturell geprägten Großstadt konzipiert, in der es einen breiten Konsens gegen neonazistische Gruppierungen gab und in der nicht von einer rechtsextremen (jugendkulturellen) Hegemonie ausgegangen werden musste. Für die Anwendung des Ansatzes in den neuen Bundesländern lagen weder die notwendigen fachlichen Qualifikationen vor, noch war ausreichend für die notwendige finanzielle Ausstattung gesorgt. Folge war auch, dass es – wenn auch ungewollt – zur Stärkung rechtsextremer Strukturen kam und Jugendhilfe hierfür Räume und Ressourcen zur Verfügung stellte. Die fachlich geführte Debatte und öffentlich geäußerte Kritik einer „Glatzenpflege auf Staatskosten" (u. a. Buderus/Dembowski/Scheidle 2001) führte schließlich zu einer Umorientierung der nächsten Bundesprogramme: weg von der dominanten Konzentration auf die Arbeit mit Jugendlichen und hin zur Stärkung einer generationenübergreifenden demokratischen Zivilgesellschaft.[55]

Eine Besonderheit des ersten Bundesprogramms bestand darin, dass die sozialpädagogische Arbeit mit Mädchen und jungen Frauen fokussiert wurde. In den folgenden Bundesprogrammen gab es keinen derartigen Förderschwerpunkt mehr, d. h. in den jeweiligen Clustern wurden entweder Jugendliche generell adressiert oder „rechtsextrem gefährdete männliche Jugendliche". Folge war und ist, dass Mädchen und junge Frauen leichter aus dem Blick geraten. Nach wie vor ist es so, dass geschlechtsneutral formulierte und konzipierte Angebote von Jugendarbeit in einem hohen Maß Jungen und männliche Jugendliche erreichen. Auf die Erfahrungen des ersten Bundesprogramms in der Arbeit mit rechtsextrem orientierten Mädchen und jungen Frauen kann jedoch kaum zurückgegriffen werden. Auch wenn das Programm dokumentiert[56] und die Arbeit mit der Zielgruppe Mädchen beschrieben und analysiert

55 | Infolge wurde das Konzept der „akzeptierenden Jugendarbeit" zu einer „gerechtigkeitsorientierten Jugendarbeit" weiterentwickelt (Krafeld 2000).

56 | Zwar liegen umfangreiche Veröffentlichungen über die Arbeit verschiedener Projekte vor, thematisiert werden biografische Einflüsse (vgl. Böhnisch u. a. 1997: 53-64), die Lebenssituation der Jugendlichen (vgl. ebd.: 92-108), Jugendarbeitsprojekte werden beschrieben (vgl. Bohn/Münchmeier 1997; Rommelspacher u. a. 2002). Auf die Arbeit mit Mädchen im Rahmen des AgAG-Programms und den Ergebnissen und Folgerungen verweist Behn 1995. Für das gesamte AgAG-Programm liegt u. a. eine Dokumentation vor (Bohn/Münchmeier 1997) sowie die Ergebnisse der wissenschaftlichen Begleitung (Böhnisch/Fritz/Seifert 1997). Eine Evaluation war bei diesem Programm noch nicht vorgesehen.

wurde, wurden die entsprechenden Projekte nicht fortgesetzt.[57] Und auch die aktuelle Entwicklung im Bereich der präventiven Jugendarbeit gegen Rechtsextremismus unter der Überschrift „Deradikalisierung“ gibt Grund zur Sorge, dass hier Fehler der 1990 Jahre wiederholt werden.

Exkurs: Präventionsarbeit gegen Rechtsextremismus unter dem Begriff der Deradikalisierung

Der Begriff entstammt – ursprünglich als Antwort der USA formuliert auf die Anschläge des 11.09.2001 – Diskursen um innere Sicherheit und der Terrorismusbekämpfung und nicht pädagogischen Arbeitsfeldern. Mit dem Begriff Deradikalisierung ist die Idee verbunden, eine Abwendung radikalisierter, terroristischer, meist islamistischer und meist implizit männlicher Einzeltäter von entsprechenden Gruppierungen zu erreichen. Seit 2009 wird z. B. innerhalb des Gemeinsamen Terrorismusabwehrzentrums (GTAZ) bundesweit in einer AG Deradikalisierung gearbeitet.[58] Hier wird ein Sammelbegriff eingeführt, der inhaltliche Differenzen zwischen unterschiedlichen Phänomen und Bereichen verwischt, die einer differenzierten Betrachtung und Bearbeitung bedürfen. So werden im Bundesprogramm „Demokratie leben“ die Bereiche „Rechtsextremismus, Ultranationalismus, gewaltorientierte islamistische, salafistische Phänomene bzw. Instrumentalisierungen des Islam sowie gewaltorientierte und demokratiefeindliche Erscheinungsformen linker Militanz“ als Arbeitsfelder der Prävention benannt. An die Stelle des breit diskutierten und in der pädagogischen Debatte um Rechtsextremismus weitgehend abgelehnten Extremismus-Begriffs tritt eine neue Analogisierung.[59]

Bereits der angesprochene Hintergrund der Terrorismusbekämpfung zeigt, dass ideologisch gefestigte, organisierte und/oder straffällige Personen adressiert werden. Es ist zu befürchten, dass bereits mit der Übernahme des Begriffs, Paradigmen kriminalpräventiver (Einzel-)Arbeit mit ideologisch gefestigten, organisierten und (potenziell) terroristischen Personen auf Arbeitsfelder der Jugendarbeit und Präventionsarbeit gegen Rechtsextremismus übertragen werden. Ein übersteigerter, wenig reflektierter und fahrlässiger pädagogischer Optimismus, „offen für alle zu sein“, kann so in der Regelpraxis befördert werden. Wir gehen davon aus, dass bereits mit dem Ansatz herrschende Macht- und Ungleichverhältnisse (z. B. in den jeweiligen Sozial-

---

57 | Im Bundesprogramm „Toleranz fördern. Kompetenz stärken“ findet sich in dem Cluster „Auseinandersetzung mit rechtsextrem orientierten Jugendlichen“ das Unterthema „geschlechterreflektierende Arbeit mit rechtsextrem orientierten Jugendlichen“.

58 | https://www.verfassungsschutz.de/de/arbeitsfelder/af-islamismus-und-islamistischer-terrorismus/gemeinsames-terrorismusabwehrzentrum-gtaz , zuletzt aufgerufen 29.10.15.

59 | Susanne Feustel spricht von einem „Container-Begriff“ (Feustel 2014: 72).

räumen) nicht ausreichend reflektiert werden können. Zielgruppen, die entweder unterrepräsentiert oder im öffentlichen Raum weniger sichtbar sind, werden sich – so sie nicht gezielt adressiert oder ihre Bedarfe konzeptionell unberücksichtigt bleiben –, in der Regel weniger angesprochen fühlen.

Der Begriff Deradikalisierung befördert einen defizitorientierten Blick auf kriminelle, ideologisch-radikale oder extremistische, d. h. mit anderen Worten schwierige und auffällige Jugendliche. Die Übertragung auf den Bereich der Jugendpräventionsarbeit gegen Rechtsextremismus halten wir aus folgenden Gründen für problematisch: Zum einen sehen wir die Gefahr, dass wieder zu oft eine „männliche Zielgruppe" konstruiert wird (hier besteht eine Gemeinsamkeit mit den kritisierten Ansätzen der akzeptierenden Jugendarbeit, vgl. Stützel 2013). Zum anderen befürchten wir, dass das zu bearbeitende Phänomen – rechtsextreme, menschenfeindliche Einstellungen und Handlungen – hin zu Randständigkeit und Auffälligkeit verengt wird. Insbesondere der Fokus auf den Bereich der (Gewalt-)Straffälligkeit verstärkt die einseitige Orientierung an männlichen Jugendlichen und jungen Männern.[60] Die Nicht-Wahrnehmung von Mädchen und Frauen sowohl im klassischen Neonazismus als auch aktuell in angrenzenden rechtspopulistischen Bewegungen verkennt nicht nur deren Wichtigkeit – und damit auch die Gefahr, die von ihnen ausgeht –, sondern auch die „Normalisierung" rechtsextremer, rassistischer, menschenverachtender Einstellungen durch weibliche Jugendliche und (junge) Frauen. Die Fokussierung auf eine Arbeit mit den „harten Jungs" verhindert die Entwicklung einer integrierten präventiven pädagogischen Handlungsstrategie, die demokratisch orientierte Jugendliche stärkt und sich mit Facetten gruppenbezogener Menschenfeindlichkeit und rechtsextremen Orientierungen bei Jugendlichen gleichermaßen auseinandersetzt. Ebenso fehlen die notwendige Betroffenenperspektive sowie eine Aufmerksamkeit für nicht-rechte Jugendliche.

Die Relevanz der Kategorie Geschlecht im modernen Rechtsextremismus – notwendige Konsequenzen für die Praxis

Nicht nur – aber insbesondere auch im Feld von Jugendarbeit – wird die orientierende Funktion der Kategorie Geschlecht deutlich. Hier ist es geboten, dass Jugendlichen generell die Möglichkeit gegeben wird, sich jenseits traditioneller Rollenzuschreibungen und jenseits der heteronormativen Konstruktion der Zweigeschlechtlichkeit zu orientieren. Die dichotome Konstruktion einer unhinterfragbaren, „natürlichen" Zweigeschlechtlichkeit stellt das inne-

60 | Nach wie vor ist es so, dass der Prozentsatz aller Gewaltstraftaten von Frauen bei unter 10 Prozent liegt. Hierin zeigt sich u. a. eine nach wie vor existierende Wirkmächtigkeit geschlechtsspezifischer Sozialisation (vgl. hierzu Köttig 2004: 43f.).

re Fundament der rechtsextremen „Volksgemeinschaft" dar.[61] Der moderne Rechtsextremismus ist ohne die Konstruktion „richtiger Männer" und „wahrer Frauen" nicht vorstellbar. Präventive Konzepte, die eine vermeintliche Eindeutigkeit von Geschlecht reflektieren, stellen damit bereits im Ansatz ein wichtiges Gegenmodell zur rechtsextremen Ideologie innerhalb der Präventionsarbeit dar. Aus einem weiteren Grund ist die spezifische Inblicknahme von Mädchen und Frauen im Rahmen einer Präventionsarbeit – auf der Grundlage genderreflektierender Ansätze – notwendig: Nach wie vor – und das haben wir für andere Bereiche in dieser Veröffentlichung hinreichend belegt – werden Mädchen und Frauen im Rechtsextremismus übersehen und unterschätzt. Das Prinzip der „doppelten Unsichtbarkeit" von Frauen und Mädchen greift auch im Bereich der Jugendarbeit.

Die Gefahr einer Nicht-Wahrnehmung von Frauen und Mädchen bzw. einer Verharmlosung rechtsextremer, rassistischer oder antisemitischer Einstellungen von ihnen wird u. a. erkennbar, wenn wir uns der Geschichte von Beate Zschäpe zuwenden: Sie – wie auch Uwe Böhnhard und Uwe Mundlos waren weitgehend – bis zu ihrem Abtauchen in die Illegalität[62] – Adressat_innen der Jugendhilfe in Thüringen. Für mehrere Jahre waren alle drei regelmäßige Besucher_innen eines Jugendclubs in Jena. Der damalige Jugendarbeiter äußert sich in einem Artikel im Tagesspiegel über seine Arbeit mit Beate Zschäpe. Er erzählt, dass sie an einem Mädchenprojekt zum Thema berufliche Zukunft teilgenommen hat. Befragt zu ihren beruflichen Wünschen äußern sich zwei der Befragten erwartbar (und erklären z. B. Mechanikerin oder Krankenschwester werden zu wollen). Zschäpe hingegen sagt: „erstmal müssen die Ausländer weg". Paradoxerweise wird sie von dem damaligen Jugendarbeiter im Rückblick gleichzeitig als „nettes Mädchen" gezeichnet, das „nicht an Politik aber an den Jungs der Szene" interessiert gewesen sei (Frenzel 2011).

Das, was hier passiert, ist uns aus unserer jahrelangen Beratungsarbeit im Bereich von Jugendarbeit sehr vertraut: Jugendarbeiter_innen berichten von ihrer Arbeit mit Jugendlichen. Nach der Rolle von Mädchen und jungen

---

61 | Die Konstruktion der „Volksgemeinschaft" basiert auf eindeutigen Vorstellungen von Weiblichkeit und Männlichkeit. Diese werden biologistisch hergeleitet und begründet. Sozial konstruierte Unterschiede werden naturalisiert und als „weiblich" oder „männlich" festgeschrieben. Sowohl eine Infragestellung als auch Erweiterungen der Geschlechterrollen werden als Angriff auf die Konstruktion der „Volksgemeinschaft" wahrgenommen. Die Konstruktion der „Volksgemeinschaft" im modernen Rechtsextremismus orientiert sich stark an der nationalsozialistischen „Volksgemeinschaft" (Lehnert 2010).

62 | Oft wird im öffentlichen Diskurs davon gesprochen, dass die betroffenen Personen in den „Untergrund" gegangen seien. Betrachtet man jedoch deren relativ „normales", „unbeschwertes" Alltagsleben, das regelmäßige Sommerurlaube und Besuche von Partys und Freund_innen in der Nachbarschaft beinhaltete, ist der Begriff u. E. nach nicht treffend.

Frauen in Neonazi-Cliquen befragt, berichten sie regelmäßig, dass diese keine große Rolle spielten, diese kaum politische Ambitionen hätten und eher an den männlichen Cliquenmitgliedern interessiert wären. Aufgefordert, sich an konkrete Beispiele mit Mädchen und jungen Frauen aus ihrer alltäglichen Praxis zu erinnern, erzählen sie Situationen, in denen sich Mädchen oder junge Frauen durchaus rassistisch äußern oder verhalten. Interessanterweise werden diese Aussagen häufig interpretiert, ohne den rassistischen Inhalt zu berücksichtigen. Vielmehr werden die Mädchen in der Regel als unpolitisch gezeichnet oder ihre Aussagen verharmlost. Verwiesen wird auf die Konstruktionen der „Freundin von" oder des „sexuellen Anhängsel" („die sagt das nur, um ihrem Freund zu gefallen", „die ist nur an den Jungs in der Szene interessiert"). Es zeigt sich ein sexistischer Blick auf Mädchen, die als eigenständige Subjekte in gemischtgeschlechtlichen (Jugend-)Gruppen nach wie vor zu wenig wahrgenommen werden. Eine weitere Folge dieses Blicks auf Mädchen ist, dass deren als „unweiblich" geltenden Seiten (hierzu gehören Gewalt, Rechtsextremismus und Diskriminierungen generell) ausgeblendet werden. Mädchen und junge Frauen haben in diesem Rahmen die Möglichkeit, ihre menschenverachtenden und/oder rechtsextremen Einstellungen zu normalisieren und zu verbreiten (vgl. u. a. Mut vor Ort 2014).

Geschlechterreflektierende Präventionsarbeit mit Mädchen und jungen Frauen

So unterschiedlich die Rollen für Mädchen und Frauen im heutigen Rechtsextremismus sind (s.o.), so unterschiedlich sind Motive, aufgrund derer sich Mädchen und junge Frauen in die rechtsextreme Szene hinein orientieren oder darin verbleiben. Wichtig ist festzuhalten, dass es nicht den einen Grund, sondern in der Regel immer eine Kombination verschiedener Gründe und Motive gibt. Hierbei spielt Rassismus eine herausragende Rolle und wird häufig auch als „das Eingangstor" in den Rechtsextremismus beschrieben. Rassismus bietet die Möglichkeit der eigenen Aufwertung – auch für Mädchen und Frauen – und stellt sich außerdem als sehr anschlussfähig in die Mitte der Gesellschaft dar. Für andere Mädchen und junge Frauen kann der Spaß- und Erlebnischarakter wiederum eine wichtige Rolle spielen und das Gefühl, Teil einer „hippen", rechtsextremen Jugendkultur zu sein. Außerdem gibt es Mädchen und Frauen, für die die propagandistische Aufwertung der „deutschen Mutter" eine stabilisierende Orientierung verspricht, eine Möglichkeit, der vielen und sich teilweise widersprechenden Anforderungen an Mädchen und Frauen heutzutage zu entkommen (Radvan 2013: 28). Darüber hinaus gibt es Hinweise darauf, dass für bestimmte Mädchen der Hintergrund erlebter sexueller Gewalt auch ein Motiv der Hinwendung sein kann. Die „Volksgemeinschaft" wird hier als Schutzraum imaginiert, die erlebte (häufig familiäre) sexuelle Gewalt nach außen abgespalten und zusätzlich ethnisiert (Lehnert 2013). Die beschriebenen Motive und Gründe sowie die Relevanz, die Frauen und Mädchen heute im modernen Rechtsextremismus haben, verdeutlichen, wie wichtig es ist, sie in der Jugendarbeit konzeptionell und explizit zu berücksichtigen. Sowohl innerhalb koedukativer Settings wie z. B. in der offenen Jugendarbeit oder in der Straßensozialarbeit[63] als auch im Rahmen von (parteilicher) Mädchenarbeit. In der Geschichte der Entwicklung parteilicher Mädchenarbeit[64] zeigt sich zweierlei: zum einen, dass weiterhin eine Auseinandersetzung mit diskriminierenden Äußerungen und Verhalten notwendig ist, zum anderen, dass auch im Bereich der parteilichen Mädchenarbeit Rechtsextremismus in den Blick zu nehmen ist.[65]

Genderreflektierende Konzepte in der Jugendarbeit bieten die Möglichkeit, unterschiedliche Geschlechter zu betrachten und insbesondere auch geschlechtsbezogene Motive von Jungen und männlichen Jugendlichen konzeptionell einzubeziehen. Die spezifische Attraktion rechtsextremer (Jugend-)Kulturen für Jungen und männliche Jugendliche kann differenziert herausgearbeitet, Wünsche nach Dominanz und Stärke benannt werden. In einem nächsten Schritt ist es dann möglich, sich kritisch mit diesen Wünschen und deren Anschlussfähigkeit an übliche Männlichkeitspraxen auseinanderzusetzen. So können männliche Sozialisationen hinterfragt und dekonstruiert werden (u. a. Debus/Laumann 2014).

Exkurs: Geschlechterreflektierende Präventionsarbeit mit Jungen und männlichen Jugendlichen

Nach wie vor ist es aus einer genderreflektierenden Perspektive heraus schwer nachzuvollziehen, dass Mädchen und junge Frauen innerhalb der Präventionsarbeit gegen Rechtsextremismus immer noch so häufig übersehen oder deren rechtsextreme, diskriminierende Einstellungen oder Praxen verharmlost werden. Noch weniger nachvollziehbar erscheint, dass eine kri-

63 | Hier liegt mit dem Konzept des Vereins zur Förderung akzeptierender Jugendarbeit Bremen ein Programm für Straßensozialarbeit vor, das auch die Kategorie Geschlecht mit reflektiert (Verein zur Förderung akzeptierender Jugendarbeit Bremen 2007).

64 | Zur Geschichte der parteilichen Mädchenarbeit vgl. Wallner 2007.

65 | In der Beratungs- und Fortbildungsarbeit der Fachstelle Gender und Rechtsextremismus mit Mädchenarbeiter_innen zeigt sich, dass in der Praxis zu den Themen Diskriminierung und rechtsextreme Orientierung gearbeitet wird. Von Seiten der Fachkräfte nehmen wir hier Bedarfe und Wünsche nach Fortbildung wahr. Innerhalb der Fachliteratur wird dem Thema leider nach wie vor wenig Raum gegeben. Auch neuere Veröffentlichungen in diesem Bereich fokussieren stärker auf mädchenspezifische Zielgruppen, die von Diskriminierung(en) betroffen sind. Fachliteratur über die sozialpädagogische Arbeit mit rechtsextrem orientierten Mädchen und jungen Frauen gibt es noch wenig (Lehnert 2013; Behn 1995).

tische Auseinandersetzung mit Männlichkeiten und den Anschlussfähigkeiten in den modernen Rechtsextremismus erst allmählich in der Fachwissenschaft stattfindet und Einzug in die sozialpädagogische Praxis hält.[66]

Rechtsextreme Kameradschaften und Organisationen gelten als „Männerbünde“ schlechthin. Laut polizeilichen Statistiken werden rechtsextreme Gewalttaten zu etwa 95 Prozent von Männern begangen. So wird die enorme Präsenz von Männern in rechtsextremen Zusammenhängen als selbstverständlich aufgefasst. Ebenso selbstverständlich erscheinen die (hyper) maskulinen Selbstinszenierungen innerhalb rechtsextremer Jugendkulturen, geprägt von offenem Sexismus und Chauvinismus: Die rechtsextreme „Volksgemeinschaft“ richtet sich ausdrücklich an „echte Kerle“. Scheinbar ungebrochen wird „dem Mann“ eine traditionelle Rolle zugeschrieben: die des heterosexuellen Familienernährers und kämpferischen Beschützers. In seiner Familie kommt er seinen Pflichten nach und legitimiert zugleich seinen Machtanspruch. Der soldatische „weiße“ Mann, der für seine Familie sowohl wirtschaftlich als auch physisch Sorge trägt, ist das herausragende Bild hegemonialer Männlichkeit im Rechtsextremismus und darüber hinaus.

Das Modell und Konzept der hegemonialen Männlichkeit geht auf Robert bzw. Rayn Connel zurück. Hegemoniale Männlichkeit zeichnet sich durch ihren „Anspruch auf Autorität und Dominanz“ über Frauen und andere Männlichkeiten wie schwule Männlichkeit oder nicht-weiße oder migrantische Männlichkeit aus. Ehe, Familie, Macht und wirtschaftliche Ressourcen sind zentrale Merkmale ihrer Hegemonie (Connel 1999). Körperlich fit und damit potenziell gewalttätig vermögen sie, eigene Schwächen zu überwinden. Auch wenn die meisten Männer den Anforderungen und Normen hegemonialer Männlichkeit im Alltag selten gerecht werden, richtet sich doch ihr Handeln und Verhalten mehrheitlich danach.[67] Die Bedeutung von (soldatischer) Stärke – mit dem Rekurs auf den „soldatischen Mann“ als Besonderheit rechtsextremer Männlichkeitskonstruktionen – findet sich in zahlreichen neonazistischen Selbstzeugnissen. So beschreibt der rechtsextreme Aktivist

---

66 | Als Pionier in der kritischen Auseinandersetzung mit dem Thema Männlichkeit und Nationalsozialismus ist auf Klaus Theweleit hinzuweisen (1977). Anfang der 90er Jahre des letzten Jahrhunderts publiziert Kurt Möller zu geschlechtsbezogenen Motiven in der Hinwendung in den modernen Rechtsextremismus und untersucht hier auch Bezüge zu Männlichkeiten (Möller 1991). 2010 haben Claus/Müller/Lehnert einen ersten Sammelband zum Thema Rechtsextremismus und Männlichkeiten vorgelegt. Aktuell liegt mit der Veröffentlichung von Andreas Hechler und Olaf Stuve eine differenzierte Darstellung über u. a. Jungenarbeit im Kontext von Neonazismusprävention vor (Hechler/ Stuve 2015). Für das Thema Gender und Rechtsextremismus(prävention) liegen zwei aktuelle Sammelbände vor (Birsl 2011, Radvan 2013).

67 | Für die Bedeutung des Konzeptes für die Auseinandersetzung mit Gender und Rechtsextremismus vgl. Claus et al. 2010.

Gordon Reinholz in einer Erklärung zur Auflösung der Neonazi-Kameradschaft „Märkischer Heimatschutz" 2006, dass die Zeiten für die Kämpfer hart sind, aber: „Nichts ist unmöglich, wenn Männer wollen" (Claus et al. 2010: 15). Gerade der Mythos der Kameradschaft scheint für viele Jungen und (junge) Männer attraktiv zu sein; nicht zuletzt aufgrund des Versprechens der Überlegenheit. Diese Überlegenheit bezieht sich nicht nur auf Frauen, sondern auch auf andere Männer und Männlichkeiten. Ungeachtet dessen, ob sie über soziale, ökonomische und/oder materielle Ressourcen verfügen, wird ihnen aufgrund ihres Geschlechts (und ihrer deutschen Herkunft) Überlegenheit gegenüber „Anderen" versprochen. Außerdem wird ihnen die vermeintliche Sicherheit einer starren Geschlechtsidentität, die ungeachtet gesellschaftlicher Veränderungen und Verwerfungen einen ahistorischen „Urzustand" bilden kann, versprochen.

Die Zugehörigkeit zur rechtsextremen „Volksgemeinschaft" hat auch für Jungen und Männer ihren Preis. Nach Bourdieu ist „Mann-Sein" auch immer ein „Mann-sein-Müssen". Das gilt grundsätzlich für Männlichkeiten und innerhalb des Rechtsextremismus noch deutlicher. In der Konstruktion des weißen, deutschen soldatischen Mannes ist kein Platz für Schwäche, Weichheit, Zärtlichkeit etc. Bereits die Wünsche danach gelten als weich, weiblich, unmännlich und dürfen nicht existieren bzw. nicht gelebt werden. Weiche Männer gelten als „Schwuchteln" und damit als Nicht-Männer. [68]

Was bedeutet das für die Praxis der Jungenarbeit?

Bereits im Rahmen des von uns beschriebenen ersten Bundesprogramms AgAG hatte es eine Reihe von präventiven Projekten gegeben, die sich implizit an Jungen und männliche Jugendliche richteten. So gab es sportbezogene Angebote im Kontext des Ansatzes der akzeptierenden Jugendarbeit, u. a. auch im Kampfsportbereich. Ungeachtet der Kritik an derartigen Angeboten (s.o.) gibt es immer noch sozialpädagogische Praxen, die an spezifischen Männlichkeitskonstruktionen ansetzen (Arbeitskreis geschlechterreflektierende Rechtsextremismusprävention 2013): Solche Angebote der Jungenarbeit gehen von einer identitären und/oder maskulinistischen Vorstellung von Männlichkeit aus und suggerieren, dass Jungen und männliche Jugendliche diese Angebote für die Herausbildung von Männlichkeit „brauchen". Männlichkeiten haben sich in den vergangenen Jahrzehnten pluralisiert bzw. es gab zu keiner Zeit die EINE Männlichkeit. Hier wird unterstellt, dass der Erwerb körperli-

68 | Ungeachtet der Tatsache, dass es „natürlich" auch schwule Rechtsextreme gibt (vgl. u. a. Claus/Müller 2010), wird Schwulenfeindlichkeit innerhalb der Szene offen gelebt. Männliche Homosexualität wird als ein Angriff auf die rechtsextreme „Volksgemeinschaft" wahrgenommen und (vermeintlich) schwule Männer werden immer wieder auch Opfer rechtsextremer Gewalttaten.

cher Stärke und Überlegenheit entscheidend zum Junge- und Mann-Sein dazugehört. In diesem Zusammenhang werden bestimmte Wege des Ausübens von Kampfsportarten (wie beispielsweise in bestimmten Kickbox-Angeboten) als selbstverständliches, „natürliches" Ausleben von Männlichkeit gesehen. An dieser Stelle ist nicht beabsichtigt, allgemein über Kampfsportarten oder Kickboxen als pädagogische Ansätze zu urteilen.[69] Vielmehr soll auf die Notwendigkeit einer männlichkeitskritischen Rahmung hingewiesen werden. Außerdem notwendig bleibt eine Beziehungsarbeit, die als Querschnitt eine kontinuierliche Auseinandersetzung mit rechtsextremen Orientierungen und Positionen einschließt. Wenn dies nicht geschieht, werden pädagogische Angebote unterbreitet, die sich nicht wesentlich von Angeboten der rechtsextremen Szene unterscheiden.

Beispielhaft zeigt die Unterwanderung von Kampfsportvereinen in Brandenburg, dass eine Verbindung zwischen ideologisch rechten Einstellungen/Haltungen und bestimmten Angeboten von Kampfsportarten wie Kickboxen durchaus vorhanden ist.[70] Der Zusammenhang zwischen beidem besteht in einer Orientierung an bestimmten Männlichkeitspraxen wie Leistung, Durchsetzungsfähigkeit, Wettbewerb und einer „natürlichen" Überlegenheit. Wie bereits zuvor benannt, ist es u. a. das Versprechen der Überlegenheit (gegenüber anderen Männern und gegenüber Frauen), das für viele männliche Jugendliche ein wichtiges Einstiegsmotiv in die Neonazi-Szene darstellt. Ein Instrument für die Durchsetzung dieser imaginierten Überlegenheit kann auf einer sehr realen und alltäglichen Ebene das Kickboxen sein.

Kickboxangebote für Jungen und junge Männer, mit denen bestehende Bedarfe von Jungen nach Weichheit, Zärtlichkeit und „Anders-Sein" ausgeblendet und nicht reflektiert werden, zielen genau auf jene „männlichen" Eigenschaften wie soldatische Stärke, Kampfbereitschaft und Siegeswillen, die im Rechtsextremismus von Männern gefordert werden. Das Einüben einer (hyper)maskulinistischen Männlichkeit steht im diametralen Widerspruch zu einer geschlechterreflektierenden Rechtsextremismusprävention. Unser Verständnis einer nachhaltigen Prävention beinhaltet eine kritische Auseinandersetzung mit von Dominanz, Härte und Gewalt geprägten Körperpraxen. Bei den kritisierten Sport- und Männlichkeitspraxen in den hier gemeinten Kickbox-Angeboten ist es u. a. ein Ziel zu lernen, Schmerz auszuhalten und Schläge einstecken zu können. Hier steht nicht vorrangig das Erlernen von Verteidigung im Mittelpunkt, sondern vor allem die Aneignung von Angriffstechniken, also Zuschlagen und Verletzen. Es geht um das Einüben eines

69 | So ist in diesem Zusammenhang darauf zu verweisen, dass Kickboxen auf die verschiedensten Arten und Weisen angeboten und trainiert wird, z. B. als ausschließliche Selbstverteidigung oder auch in Kombination mit Körperarbeit.

70 | Vgl. u. a. Höhn 2013; N.N. in Morgenpost 2012.

spezifischen Männlichkeitsideals, das in seiner kämpferischen und soldatischen Ausformung alles weiche, „weibliche" abspaltet und abwertet. Wichtiges Ziel emanzipatorischer Jungenarbeit sollte es immer auch sein, Jungen und männlichen Jugendlichen überhaupt die Möglichkeit zu geben, sich den dominanten Männlichkeitsanforderungen zu entziehen. Jungen sollte die Möglichkeit eröffnet werden, sich außerhalb der „ernsten Spiele des Wettbewerbs" (Bourdieu) zu stellen. Die kritische Auseinandersetzung mit essenzialisierenden, identitären Männlichkeitsanforderungen und den damit einhergehenden Zumutungen kann für Jungen und männliche Jugendliche eine wichtige Möglichkeit darstellen, sich mit „anderen" Anteilen an und von sich selbst anzufreunden. Das kann mögliche Eigenschaften betreffen, die rechtsextremen Vorstellungen einer harten, soldatischen Männlichkeit entgegenstehen. In den Konzepten und in der Durchführung von präventiven, pädagogischen Angeboten für Jungen und männliche Jugendliche sollte darüber hinaus nicht von „dem Jungen" ausgegangen werden. Andernfalls besteht die Gefahr, dass die Adressaten erneut die Erfahrung machen, dass sie sich auf eine bestimmte Art und Weise zu verhalten haben, um überhaupt als Junge oder Mann wahrgenommen zu werden. Präventive Angebote (wenn sie denn präventiv gegen Rechtsextremismus wirken wollen) sollten Jungen und männliche Jugendlichen die Chance eröffnen, spezifischen Anforderungen an rigide und tradierte Vorstellungen von Härte und Durchsetzungsfähigkeit zu entgehen.

Plädoyer für fachliche Standards in der (geschlechterreflektierenden) Rechtsextremismus-prävention

Vor dem Hintergrund langjähriger Praxiserfahrung und der Einführung des Begriffs der Deradikalisierung ist deutlich geworden, wie notwendig die Weiterentwicklung und Etablierung von sozialpädagogischen/sozialarbeiterischen Standards im Feld der genderreflektierenden Rechtsextremismusprävention ist. Auf der Ebene einer allgemeinen Jugendpräventionsarbeit gegen Rechtsextremismus beziehen wir uns auf eine Handreichung der Mobilen Beratung gegen Rechtsextremismus Berlin, die diese gemeinsam mit Praktiker_innen in einem Berliner Sozialraum entwickelt hat. Ausgehend von den Bedarfen und Erfahrungen der Jugendarbeiter_innen wurde eine Systematik der Differenzierung ausgearbeitet. In einem Raster werden vier unterschiedliche Gruppen identifiziert: Kader, Aktivist_innen, Mitläufer_innen und Sympathisant_innen. Eine Zuordnung in die jeweilige Gruppe erfolgt unter der Analyse der Dichte der Ideologie und dem Kriterium der Übernahme von Funktionen in organisierten Neonazi-Strukturen. (Sozial)pädagogisch erreichbar – und damit Zielgruppen von Sozialer Arbeit im Kontext von offener Jugendarbeit und Straßensozialarbeit[71] – sind Mitläufer_innen und Sympathisant_innen.[72] Ungeachtet eines breiten fachlichen Konsenses darüber, dass mit rechtsextrem Organisierten (damit sind auch Freie Kameradschaften und aktionsorientierte Strukturen wie die „Autonomen Nationalisten" oder die „Identitären" gemeint) weder in der offenen Jugendarbeit noch im Bereich von Straßensozialarbeit sozialpädagogisch gearbeitet werden kann, kam und kommt es innerhalb der Praxis immer wieder zu großen Unsicherheiten über den eigenen Auftrag, die eigenen professionellen Möglichkeiten und die Grenzen.[73] Dies muss auch im Zusammenhang mit einer zunehmenden Prekarisierung von Jugendarbeit in vielen Kommunen gesehen werden. Die Unsicherheiten sind u. a. auch darin begründet, dass, obwohl rechtsextreme Jugendkulturen sich in spezifischen Regionen hegemonial ausbreiten konnten,[74] dem Thema wenig Raum in der Ausbildung an Hochschulen und Fachschulen gegeben wird. Viele Fachkräfte kommen erst in ihrer Praxis mit diesem Thema in Berührung.

Unsere Erfahrungen in der Beratungspraxis der Fachstelle Gender und Rechtsextremismus der Amadeu Antonio Stiftung und Diskussionen in dem dort angesiedelten Arbeitskreis „Geschlechterreflektierende Rechtsextremismusprävention" haben zur Entwicklung eines Positionspapiers geführt, in dem wir Standards geschlechterreflektierender Rechtsextremismusprävention formulieren. Das im Folgenden in Ausschnitten wiedergegebene Papier (Arbeitskreis Geschlechterreflektierende Rechtsextremismusprävention 2014) betrachten wir als Zwischenfazit der aktuellen fachlichen Auseinandersetzung.

Fazit

Geschlechterreflektierende Mädchenarbeit und geschlechterreflektierende Jungenarbeit sind als erfolgreiches Konzept innerhalb von Fachwissenschaft und Jugendarbeitspraxis anerkannt. Im Anschluss hieran geht es darum zu beschreiben, was wir unter geschlechterreflektierender Rechtsextremismusprävention verstehen und was dies für die Arbeit in der Praxis bedeutet.

71 | An dieser Stelle geht es uns nicht um die Thematisierung sozialpädagogischer Arbeit im Strafvollzug.

72 | Organisierte Rechtsextreme gehen strategisch vor. Sie suchen Einrichtungen der offenen Jugendarbeit auf und versuchen, hier für ihre rechtsextreme Ideologie zu werben und andere Jugendliche für entsprechende Lebenswelten zu interessieren. Aufgrund ihres „Auftrages" sind sie für sozialpädagogische Angebote im Gruppenkontext nicht erreichbar. Auch wenn sich das für Jugendarbeiter_innen manchmal anders darstellt.

73 | Besonders aufschlussreich ist hier der Abschlussbericht von Mut vor Ort (Mut vor Ort 2014).

74 | Es stellt sich möglicherweise die Frage danach, inwieweit besonders Regionen betroffen sind, in denen das Konzept der akzeptierenden Jugendarbeit unmodifiziert und unreflektiert übernommen worden ist.

Eine Frage der Haltung

Geschlechterreflektierende Arbeit basiert auf einer spezifischen Haltung, mit der Geschlechterrollen und Vorstellungen darüber, wie sich ein „richtiger“ Mann und eine „wahre“ Frau zu verhalten haben, als erlerntes Verhalten betrachtet werden. Eine geschlechterreflektierende Haltung steht insofern Annahmen und Alltagswissen über „die Natur“ der Geschlechter entgegen, die weit verbreitet sind und von vielen Personen unhinterfragt vertreten werden. Wir verstehen geschlechterreflektierendes Arbeiten als Teil einer demokratischen Haltung. Fachkräfte nehmen Individuen in ihrer jeweiligen vergeschlechtlichten Sozialisation wahr und ernst und erkennen damit verbundene Anforderungen und Zumutungen im Alltag. Es braucht Zeit, solch eine Haltung zu entwickeln und so zu „erlernen“, dass sie das eigene Handeln leitet und bestimmt. Auch aus diesem Grunde sind langfristige Förderungen und Qualifikation unabdingbar. Es ist wichtig, dass Politik solcherart Forderungen aufgreift und berücksichtigt: Im Kontext neoliberaler Sparpolitiken ist es schwierig, Ansätze zu etablieren, die auf längerfristige, habituelle und einstellungsverändernde Ergebnisse abzielen.

Mit einer geschlechterreflektierenden Haltung können in der pädagogischen Praxis unterschiedliche geschlechtliche Entwürfe anerkannt und erfahrbar gemacht werden. Aufgabe von Pädagog_innen ist es, vereindeutigende, eingrenzende Vorstellungen zu hinterfragen und von Anforderungen zu entlasten, die mit normierenden Weiblichkeits- und Männlichkeitsvorstellungen einhergehen. Das Leben und Erfahrbarmachen von Vielfalt steht dem dichotomen und starren Geschlechterrollenmodell der rechtsextremen „Volksgemeinschaft“ gegenüber und ist bereits als präventive Praxis wirksam. Ideologien der Ungleichwertigkeit, u. a. zwischen Frauen und Männern, prägen rechtsextreme Einstellungen und Alltagspraxen, Sexismus und Rassismus sind nur zwei dieser Elemente. In der pädagogischen Praxis geht es im Sinne einer Menschenrechtsorientierung um die Anerkennung der Gleichwertigkeit aller Menschen. Das kann z. B. bedeuten, geschlechtsspezifische Angebote, die traditionellen Vorstellungen folgen, wie z. B. das Boxtraining für Jungen und der Kochkurs für Mädchen, dahingehend zu hinterfragen, wie es möglich ist, stereotype Vorstellungen bereits in der Konzeption von Angeboten zu unterlaufen. In diesem Zusammenhang ist eine Haltung im Team, seitens des Trägers etc. notwendig, die es ermöglicht, dass Pädagog_innen verschiedene Rollenmodelle vorleben und deren Flexibilität erfahrbar wird.

Natürlichkeitsannahmen in Frage stellen

Um in einem ersten Schritt auf mögliche – und häufig bereits gelebte – Alternativen aufmerksam zu machen, sind in der Praxis Natürlichkeitsannahmen zu irritieren und zu hinterfragen. Fachkräfte sollten über Wissen zu Geschlechtertheorien, feministischer Forschung und identitätskritischer Männlichkeitsforschung verfügen. Im Team einer Einrichtung kann es ein erster Schritt sein, gemeinsam über Begrifflichkeiten und deren Verständnis zu reflektieren, z. B. zu Gender, Geschlecht und deren Zusammenhänge mit rechtsextremer Ideologie, eigenen Sozialisationserfahrungen etc.

Fundierte Kenntnisse über Rechtsextremismus und dortige Geschlechterrollenvorstellungen

Für eine gelingende Präventionsarbeit ist es unerlässlich, dass Fachkräfte sowohl über eine fundierte Kenntnis rechtsextremer Ideologie und Lebenswelten als auch über geschlechtsspezifische Rollenvorstellungen der Szene und des Konstruktes der rechtsextremen „Volksgemeinschaft" verfügen.

Stärkung von Betroffenen – Einbezug der Opferperspektive

Die Praxis zielt darauf, geschlechtliche Vielfalt sichtbar und lebbar zu machen. Das heißt auch, dass Pädagog_innen diejenigen Personen, die Opfer von Ausgrenzung und Mobbing werden, weil sie bestimmten Vorstellungswelten nicht entsprechen, konsequent schützen und Räume eröffnen, um Individualität ausleben zu können. Das kann in der Praxis bedeuten, spezielle Angebote für spezifische Gruppen zu schaffen.

Ausstiegsorientierter Blick

Die Arbeit mit Jugendlichen, die sich in Neonazi-Szenen hinein orientieren, sollte darauf gerichtet sein, sie in Richtung demokratischer Haltungen zu stärken und einen Einstieg zu verhindern. Um eine ausstiegsorientierte Arbeit zu ermöglichen, ist es wichtig, dass Pädagog_innen danach fragen, welche Funktion bestimmte Einstellungen für die Jugendlichen haben: Rechtsextreme Orientierungen gehen für Mädchen/Frauen und Jungen/Männer mit Überlegenheitsversprechungen einher, z. B. als „deutsches Mädchen" gegenüber migrantischen Personen. Es findet sich eine Vielzahl von vergeschlechtlichten Motiven für die Hinwendung in Neonazi-Szenen. Wenn Pädagog_innen diese Motive erkennen, können sie sie dahingehend hinterfragen und mit ihrer Intervention auf dieser Ebene ansetzen.

Mädchen und Frauen – die doppelte Unsichtbarkeit

Insbesondere um der „doppelten Unsichtbarkeit" von Mädchen und Frauen im Rechtsextremismus entgegenzuwirken, ist eine fundierte Kenntnis über Rollen von Frauen und Mädchen hilfreich und trägt darüber hinaus dazu bei, geschlechtsspezifische Hinwendungen deuten und darauf reagieren zu können. Nach wie vor werden Mädchen und junge Frauen in ihrer Wichtigkeit für und in der Szene übersehen und unterschätzt. Hier gilt es, Methoden aus der parteilichen Mädchenarbeit und der Präventionsarbeit miteinander zu verbinden. Der Einbezug von Erfahrungen und Methoden aus der interkulturellen/transkulturellen Mädchenarbeit kann sinnvoll sein. Aufgabe ist es, Mädchen ganzheitlich und mit ihren Widersprüchlichkeiten wahrzunehmen, d. h., auch mit möglichen rassistischen, rechtsextremen Einstellungen und Handlungen. Grundsätzlich sollten Pädagog_innen Anforderungen und Zumutungen reflektieren und hinterfragen, die mit normierenden Vorstellungen von Weiblichkeit einhergehen und einer Vielfalt und Veränderbarkeit von Rollenvorstellungen entgegenstehen.

Jungen und männliche Jugendliche – Räume schaffen, die es ermöglichen, sich Männlichkeitsanforderungen und Zumutungen zu entziehen

Maßnahmen, die an traditionellen, rigiden Vorstellungen von Männlichkeit ansetzen, stehen in der Gefahr, Orientierungen in rechtsextreme Szenen hinein zu verstärken. Es ist wichtig, Zusammenhänge zwischen traditionellen Männlichkeitspraxen und gewalttätigem Handeln kritisch zu beleuchten. Jungen, die traditionellen Vorstellungen von Männlichkeit nicht entsprechen, sollten gestärkt und gegebenenfalls auch gegen entsprechende Anforderungen von Peers geschützt werden. Für die konkrete Praxis kann dies beispielsweise bedeuten, dass wettbewerbsorientierte (sportliche) Spiele von Pädagog_innen kritisch beobachtet werden: Wie werden Dominanz und Ausschlüsse hergestellt und welche Rolle spielt dabei gewalttätiges Handeln?

Positionierung gegen Vorstellungen von Ungleichwertigkeit

Eine Orientierung an Geschlechtergerechtigkeit und Menschenrechten ist Basis des professionellen Handelns. Pädagog_innen verstehen sich hier als handlungsmächtige Akteur_innen: Das beinhaltet eine eindeutige Positionierung zu demokratischen Werten im Alltag: Diese sollten nachvollziehbar vertreten und erfahrbar gemacht werden. Gleichzeitig ist es unabdingbar, jeder Form von Diskriminierung, Ungleichwertigkeitsäußerungen, Dominanzverhältnissen und Abwertungen entgegenzutreten. Solcherart Situationen sollten als Anlässe wahrgenommen und genutzt werden, um mit Adressat_innen in einen Austausch und Prozess der inhaltlichen Auseinandersetzung zu treten. Idealerweise sollten Pädagog_innen kontinuierlich diese Haltung (weiter) entwickeln: Es geht um Selbstwahrnehmung und -reflexion als professionelle Haltung. Ein erster Schritt ist eine Auseinandersetzung mit dem eigenen Sprachgebrauch: Reflektieren Fachkräfte über sprachliche Formen von Diskriminierung, z. B. zu Sexismus, Rassismus oder anderen Formen von gruppenbezogener Menschenfeindlichkeit, so sind sie auch in der Lage, deren ausgrenzende und abwertende Folgen Jugendlichen zu vermitteln. Grundsätzlich ist es wichtig, Vorstellungen von Überlegenheit gegenüber Frauen sowie Männern, die vermeintlich schwachen Gruppen zugeordnet werden (z. B. migrantische Menschen, schwule Männer), kritisch zu thematisieren. Die Auseinandersetzung mit homophoben und rassistischen Positionen ist gerade in der Auseinandersetzung mit rechtsextremen Einstellungen von Relevanz, da diese Vorstellungen von Ungleichwertigkeit zentrale Elemente rechtsextremer Ideologie sind.

2.2.3. Familienunterstützende Hilfen

Im Folgenden wenden wir uns dem Bereich der familienunterstützenden Hilfen (§28-31 KJHG) zu. Wir gehen der Frage nach, welche strukturellen Besonderheiten und welche Gemeinsamkeiten es zu anderen Bereichen Sozialer Arbeit hinsichtlich der Wahrnehmung von und des Umgangs mit rechtsextrem orientierten und/oder organisierten Frauen gibt. Dazu diskutieren wir Fälle aus der Praxis, formulieren Handlungsbedarfe und geben Handlungsempfehlungen. In Abgrenzung zu den bislang diskutierten Bereichen der frühkindlichen Erziehung und der Jugendarbeit haben wir es hier mit Kontexten zu tun, in denen wir z.T. von einer eingeschränkten Freiwilligkeit der Adressat_innen auszugehen haben. Wir meinen damit Fälle, in denen Adressat_innen kooperieren, um eine perspektivisch mögliche Fremdunterbringung von Kindern zu verhindern oder um dem Jugendamt gegenüber kooperationsbereit zu erscheinen. Unabhängig von der Freiwilligkeit der Annahme der Hilfen lässt sich eine weitere Besonderheit des Feldes beschreiben: Fachkräfte beraten in der Regel hier in den privaten Räumen der Klient_innen, verstärkt zu berücksichtigen sind somit die Wahrung der Persönlichkeitsrechte. Nicht zuletzt haben wir es mit einem stark vernetzt arbeitenden Bereich zu tun, wie sich z. B. in der Kooperation verschiedenster Bereiche auf Hilfeplankonferenzen zeigt. Wir beginnen mit einer Fragestellung, die sich auch in anderen Bereichen Sozialer Arbeit stellt, hier jedoch noch komplexer diskutiert werden muss: Gilt eine Thematisierung von rechtsextremen Erscheinungsformen als Teil des Arbeitsauftrages?

Thematisierung von rechtsextremen Erscheinungsformen als Teil des Arbeitsauftrages?

Frau G. ist alleinerziehende Mutter und Klientin der Familienhilfe des Jugendamtes. Als Frau G. mit ihrem Kind und einem Kader der rechtsextremen Szene ein

Familienfest des kommunalen Nachbarschaftshauses besucht, fällt dies Kolleg_innen des Mobilen Beratungsteams gegen Rechtsextremismus auf. Sie wissen um das politische Engagement von Frau G.; so hat sie für den Ring Nationaler Frauen die Aktion „Spielplatzsäuberung" in ihrem Stadtteil durchgeführt[75] *sowie eine rechtsextreme Demonstration unter dem Motto „Todesstrafe für Kinderschänder" angemeldet und organisiert. Im Nachgang des Familienfests kontaktieren die Berater_innen das Jugendamt. Der Versuch, ein Gespräch zu vereinbaren, misslingt mehrfach. Die verantwortliche Kollegin begründet, dass rechtsextreme Aktivitäten der Klientin bislang nicht aufgefallen seien, sie habe sich dahingehend nicht geäußert. Insofern erkenne sie keine Zuständigkeit seitens des Amtes, der Arbeitsauftrag sei gerichtet auf die Unterstützung der Versorgung des Kindes.*

Auf einem Vernetzungstreffen der Familienhilfe berichtet eine Fachkraft über einen jungen Mann, der in der rechtsextremen Szene bereits als Jugendlicher sehr aktiv und straffällig geworden war und hierüber dem Amt bekannt ist. Gemeinsam mit einer Frau aus der Nachbargemeinde habe er ein Kleinkind, das bei der Mutter aufwächst. Die Mutter erhält familienunterstützende Hilfen. Die Fachkraft wünscht sich, dass die verantwortlichen Familienhelfer_innen der Nachbargemeinde das Aufwachsen des Kindes vor dem Hintergrund der rechtsextremen Aktivitäten des Vaters genauer beobachten und eruieren, welche Position die Mutter dazu einnimmt. Sie sei beim Versuch, dies zu thematisieren, jedoch auf „taube Ohren" gestoßen, die Mutter wird als „unpolitisch" wahrgenommen und das Thema für den Arbeitsauftrag – Unterstützung der Familie –, als nicht relevant. Ihr wurde „Gesinnungsschnüffelei" unterstellt, gerade aus der eigenen Geschichte in der DDR habe man gelernt, die Privatsphäre zu respektieren und Politik von Arbeit zu trennen.

Wie auch in anderen Bereichen Sozialer Arbeit stehen Fachkräfte im Bereich der Hilfen zur Erziehung vor der Herausforderung zu klären, ob die Thematisierung und Auseinandersetzung mit rechtsextremen Einstellungen und Aktivitäten seitens der Adressat_innen Teil ihres Arbeitsauftrages ist. So steht zur Disposition, ob etwa der Auftrag, den Kinderschutz abzuklären oder bei Erziehungsaufgaben zu unterstützen, generell beinhaltet, neonazistische Äußerungen und Einstellungen sowie weitere Erscheinungsformen zu thema-

75 | Der Ring Nationaler Frauen (RNF), Frauenorganisation der NPD, widmet sich seit mehreren Jahren wiederholt und in mehreren Regionen dem Thema „Spielplatzsäuberung". Ziel dieser propagandistischen Aktionen ist es zu zeigen, dass sich „der Staat" nicht „um unsere Kinder" kümmere und die Spielplätze verschmutzen. RNF und NPD inszenieren sich als „soziale Kümmerer", wobei das Thema „Kindererziehung" entlang der biologistischen Geschlechterideologie der „Volksgemeinschaft" zur Zuständigkeit der Frauenorganisation gezählt wird.

tisieren wie z. B. bestimmte Erziehungsstile, die in diesem Zusammenhang auffallen. Die Fallbeispiele dokumentieren diese Verunsicherung in der Praxis und entsprechende Argumentationen. Sinnvoll ist eine Klärung aus professionsethischer Perspektive: So lässt sich mit einem menschenrechtlichen Verständnis der Profession argumentieren, dass die Auseinandersetzung mit rechtsextremen, also diskriminierenden, menschenverachtenden Positionen Teil des grundsätzlichen Auftrages der Professionellen Sozialer Arbeit ist (IFSW 2014). Ruth Großmaß argumentiert, dass sich Fachkräfte nicht „an der Normalisierung nationalsozialistischer Symbole beteiligen" müssen (dies. 2010: 16), und plädiert dafür, „ethische und politische Reflexion in die fachliche Arbeit einzubeziehen" (ebd.: 17). Bleibt dies aus, – so legen es die beschriebenen Fälle nahe, – geraten rechtsextreme Einstellungen und Handlungen von Adressat_innen aus dem Blick. Mögliche Konsequenzen betreffen Kinder, die in diesen Familien aufwachsen und dort in eine menschenverachtende, gewaltbejahende oder gewalttätige Ideologie einsozialisiert werden. Das kann unmittelbare Folgen – z. B. für Sozialkompetenzen, den Kontakt zu einer Vielfalt von Kindern, die Ausbildung von Empathiefähigkeit und den Schulerfolg haben – auch hinsichtlich dessen sollte es Teil des Auftrages sein. Nicht zuletzt sind von neonazistischer Ideologie immer auch Menschen betroffen, die zu Feind_innen und/oder als „minderwertig" erklärt werden und von entsprechender Gewalt und Ausgrenzung betroffen sind. Auch wenn diese Perspektive nicht direkt im Arbeitsauftrag der Hilfen zur Erziehung festgehalten ist, sollte sie immer Teil sozialpädagogischer Überlegungen sein. Dies insbesondere vor dem Hintergrund eines menschenrechtsorientierten, den Opferschutz gewährleistenden Gemeinwesen und einer Profession, die sich als Agentin für soziale Gerechtigkeit versteht.

Wenn Rechtsextremismus jedoch als Privatsache bzw. als irrelevant für die Bearbeitung des Auftrages gesehen wird, gibt es generell wenig Handlungsspielraum (vgl. hierzu und im Folgenden Licht-Blicke, Projekt Eltern-Stärken 2010). Das Problem bleibt verdeckt, es kommt zur Normalisierung rechtsextremer Einstellungen. Zudem betrifft dies Kolleg_innen, für die eine Thematisierung rechtsextremer Äußerungen selbstverständlich zum professionsethischen Selbstverständnis dazugehört. In einzelnen Fällen lässt sich beobachten: Die betreffende Fachkraft wird marginalisiert, z.T. als unprofessionell bezeichnet und „zum Problem gemacht". Unseres Erachtens bedarf es einer diesbezüglichen Auseinandersetzung im jeweiligen Team und trägerintern. Eine menschenrechtsorientierte Haltung sollte nicht individualisiert werden und Aufgabe Einzelner sein, sondern innerhalb von Institutionen sollte ein fachliches Verständnis etabliert werden, das eine konsequente Positionierung zu Menschenrechten und gegen Diskriminierung zentral setzt. Zudem ist zu klären, wie eine professionsethische menschenrechtsbezogene Haltung in der Ausbildung von Studierenden angeeignet und im Weiteren in der Praxis etabliert werden kann.

Gleichzeitig ist die Auseinandersetzung mit den eigenen Grenzen auch wichtiger Bestandteil professionellen Handelns. So ist es Fachkräften nicht prinzipiell zuzumuten, einen alleinigen Umgang mit Rassismus, Sexismus etc. finden zu müssen. Vielmehr besteht auch seitens des Trägers eine notwendige Schutzfunktion: Fachkräfte, die sich gegen die Arbeit in einem diskriminierenden Familienkontext entscheiden, – insbesondere wenn sie selbst betroffen sind von potenzieller Gewalt und Diskriminierung durch Adressat_innen, – müssen diesbezüglich unterstützt und ein diskriminierungsfreier Arbeitskontext ermöglicht werden. Gleichzeitig ist es Aufgabe der verantwortlichen Institutionen, Antworten zu finden, wie der Auftrag so bearbeitet werden kann, dass die Zielgruppe, vor allem wenn es sich um Kinder und Jugendliche handelt, weiterhin Unterstützung erhält. Hierfür kann es verschiedene Wege geben, wir kommen in der Diskussion eines weiteren Fallbeispiels darauf zurück.

Positionierung vs. vertrauensvoller Beziehungsaufbau?

Im freiwilligen Angebot einer „Gruppe für junge Mütter" fällt einer Fachkraft eine Frau als politisch aktiv auf. Diese Frau erzählt positiv von NPD-Aktivitäten im Stadtteil und äußert außerdem Positionen, die die Fachkraft als rassistisch wahrnimmt. So habe sie vor Beginn eines Treffens abfällig über eine Frau gesprochen, die sie in den Projekträumen gesehen habe: Sie würde nicht mehr teilnehmen, wenn „so eine Zigeunerin zur Gruppe dazukommt". Die Aussage bleibt unkommentiert und unwidersprochen stehen. Zudem lade sie andere Mütter zu Veranstaltungen der NPD ein und verteile Flyer. Für die Fachkraft ist offen, wie sie mit der Situation umgehen kann. Soll sie sich gerade am Beginn des Gruppenfindungsprozesses und des Beziehungsaufbaus positionieren und entsprechende Äußerungen thematisieren? Möglicherweise ist dies kontraproduktiv und die Frau verlässt die Gruppe. Es ist ihr Auftrag, die jungen Mütter in der Versorgung ihrer Kinder zu unterstützen.

Ähnlich wie in anderen Bereichen gibt es hier in der Praxis häufig Verunsicherung darüber, ob eine (konträre) Positionierung zum Abbruch einer noch nicht gefestigten Beziehung führe und damit den Arbeitsauftrag gefährde: Mit dem Anspruch, sich an den Lebenswelten der Klient_innen zu orientieren und gleichzeitig die Asymmetrie im Verhältnis zwischen Fachkraft und Adressat_in kritisch und prozessorientiert zu reflektieren, können Verunsicherungen auftreten. So kann z. B. Unsicherheit darüber bestehen, ob eine kritische Positionierung der Fachkraft von der Klientin als übergriffig erlebt wird und entsprechende Folgen nach sich ziehen kann.

Auf diese Herausforderung gibt es keine einfachen Antworten. Zu unterscheiden ist zunächst zwischen einer Positionierung gegen eine menschenverachtende Ideologie und einer Verurteilung der Person, die eine derartige Anschauung äußert. Letzteres ist angesichts der Grundsätze sozialarbeiterischen Handelns auszuschließen. In der Praxis haben wir sehr häufig die Erfahrung gemacht, dass nicht die Positionierung an sich zu problematischen Verläufen führen muss. Vielmehr ist die Frage, wie diese gestaltet wird: Wird moralisierend, „besserwissend" argumentiert oder respektvoll und auf persönlicher Ebene anerkennend? Wie wertschätzend wird sich generell gegenüber der Person verhalten? Und ist es möglich, sich deutlich und nachvollziehbar fachlich begründet zu positionieren? Gelingt eine persönliche Positionierung, kann dies durchaus auch als Beziehungsangebot und als ein „Ernstnehmen der Person" gelesen werden und den Aufbau einer tragfähigen Arbeitsbeziehung befördern.[76] Gleichzeitig ist in Gruppenangeboten zu beachten, welche Meinungen in der Mehrheit vertreten werden, welche Personen sich wie äußern. Es ist sinnvoll, diejenigen Personen zu stärken, die sich für demokratische, menschenrechtliche Positionen einsetzen. Häufig ermutigt dies noch unsichere Personen, sich auch eine demokratische Meinung zu bilden und sich ggf. zu positionieren. Letztlich gilt in Gruppenkontexten: Neonazistische Argumente werden weniger selbstverständlich und seltener geäußert, wenn die betreffende Person wahrnimmt, dass sie hiermit in der Minderheit ist und diese Position nicht geteilt wird. Grundsätzlich kann festgehalten werden: Diskriminierenden, rassistischen Aussagen sollte sachlich und begründet entgegnet werden. Bleibt dies aus, eröffnet es Räume für weitere Diskriminierungen, aus dem Blick geraten mögliche Betroffene. Häufig wird in diesem Zusammenhang diskutiert, dass Adressat_innen mit bestimmten Aussagen provozieren wollen und es daher nicht in jedem Falle sinnvoll sei, zu reagieren. Unseres Erachtens ist es wichtig, nach der Funktion des Verhaltens generell zu suchen und auf dieser Ebene zu reagieren. Das sollte jedoch nicht beinhalten, dass diskriminierende Aussagen stehen bleiben. Vor

76 | Zu ähnlichen Ergebnissen kommt eine Studie zu Wahrnehmungshaltungen und Interventionsformen im Umgang mit Antisemitismen in Einrichtungen der offenen Jugendarbeit (Radvan 2010). Kritische Positionierungen zu Aussagen von Jugendlichen, die von Fachkräften als problematisch wahrgenommen werden, führen nicht zwangsläufig zum Kontaktabbruch. Vielmehr zeigt sich, dass eine anerkennungspädagogische Haltung, die das Gegenüber in seinen vielfältigen Erfahrungen und Zugehörigkeiten wahr- und ernst nimmt, eine dialogisch gerahmte Kommunikation, eine fragende, neugierige Haltung und das Zurückstellen eigenen Wissens einen Umgang in konflikthaft verlaufenden Gesprächen ermöglichen kann. Dieser Umgang geht mit einer inhaltlichen Auseinandersetzung einher, jedoch nicht mit einer Distanzierung der Adressat_innen. Als Grundlage dieser Handlungsweisen zeigt sich in dieser Studie eine rekonstruktive Beobachtungsform.

allem kann u. a. eine Aushandlung über Sprachgebrauch im Arbeitskontext oder in Einrichtungen helfen.

Ebenso wie in der Jugendarbeit muss für die Arbeit in Erwachsenengruppen zwischen Kadern bzw. Aktivist_innen und Personen, die als Mitläufer_innen der rechten Szene gelten können, unterschieden werden. Während Erstere über ein weitgehend gefestigtes Weltbild verfügen und argumentativ wenig erreichbar bzw. irritierbar sind und meist versuchen, für ihre Ideologie und neue Mitglieder zu werben, sind Mitläufer_innen durchaus noch erreichbar für alternative Positionen. Vor dem Hintergrund des jeweiligen Arbeitsauftrages ist daher zu bedenken, ob ein Gruppenangebot die richtige Maßnahme für Personen ist, die als Aktivist_innen oder Kader andere Teilnehmende oft leichter als die verantwortliche Fachkraft ansprechen und für ihre Positionen gewinnen können. Auch aus Gründen des Schutzes für Personen, die von rechter Gewalt betroffen sind/sein können, sollte die Frage des Ausschlusses rechtsextrem Organisierter von Gruppenangeboten innerhalb des Teams oder der jeweiligen sozialpädagogischen Einrichtungen grundlegend geklärt werden, z. B. in einer Hausordnung oder dem demokratischen Leitbild. Es geht uns nicht um einen generellen Ausschluss von Personen, die sich rechtsextrem engagieren und als Kader gelten können, dies ist auch rechtlich gar nicht möglich. Vielmehr weisen wir auf bestimmte Dynamiken in der Gruppenarbeit hin, die zu beachten sind und die in bestimmten Fällen einen Ausschluss begründen können. Im Rahmen der Einzelfallhilfe kann die Arbeit mit diesen Klient_innen im Sinne des Arbeitsauftrages durchaus produktiv gestaltet werden. Wir haben hier insbesondere die Entwicklungschancen von Kindern und Jugendlichen im Blick, die in diesen Familien aufwachsen. Hilfreich sind Arbeitsbündnisse, die konkrete Zielvereinbarungen festlegen und die Aushandlung von Grundsätzen der Zusammenarbeit, die auch ethische Perspektiven beachten und z. B. festlegen, dass neonazistische und nationalsozialistische Bezüge während der Beratungen unterbleiben.

Der folgende Fall ist in der Veröffentlichung „Rechtsextremismus als Thema in der Jugendhilfe" des Projektes Licht-Blicke, ElternStärken bereits veröffentlicht und aus mehreren Perspektiven (Familienhelferin, Träger, Fachwissenschaft) diskutiert. Wir greifen den Fall an dieser Stelle noch einmal für eine breitere Leser_innenschaft auf und ergänzen/vertiefen die Analysen vor dem Hintergrund der bereits diskutierten Fälle (vgl. Licht-Blicke, Projekt ElternStärken 2010).

Eine Familienhelferin kommt zum Erstgespräch in den Haushalt einer alleinerziehenden Mutter von zwei Kindern. Es soll abgeklärt werden, inwiefern die Versorgung der Kinder im Haushalt gegeben ist und ob eine Kindeswohlgefährdung vorliegt. Am Ende des positiv und kooperativ verlaufenen Gespräches fällt der Familienhelferin eine Hakenkreuzfahne über dem Wohnzimmertisch auf. Beim nächsten Besuch bittet sie, die Beratung in einem anderen Raum durchzuführen, da es ihr widerstrebe, unter der Hakenkreuzfahne zu beraten. Daraufhin fordert die Mutter sie auf, die Wohnung zu verlassen, da sie unter diesen Umständen nicht mit ihr zusammenarbeiten wolle. Als die Familienhelferin noch einmal ihre Position erklärt, kommt der Lebenspartner der Frau hinzu. Er beruft sich auf das Recht der freien Meinungsäußerung und verweist sie sehr nachdrücklich der Wohnung. Die Familienhelferin erlebt seine Äußerungen und das Begleiten zur Wohnungstür als bedrohlich; sie verlässt die Wohnung. Seitens ihres Trägers erhält die Familienhelferin unmittelbar Unterstützung, es sei nicht zumutbar, entgegen der eigenen politischen Überzeugung in diesem Kontext zu beraten. In Übereinstimmung mit dem Jugendamt beendet der Träger den Fall aufgrund der Bedrohung der Fachkraft. Das Amt bemüht sich um alternative Lösungen. In der Supervision bringt die Familienhelferin den Fall ein, wobei sie mit dem Vorwurf konfrontiert ist, sich unprofessionell verhalten zu haben. Der Supervisor und weitere Kolleg_innen plädieren dafür, die Familie so anzunehmen, wie sie erscheint, und keine Voraussetzungen für eine Zusammenarbeit einzufordern, auch nicht hinsichtlich der politischen Einstellungen.

Die Familienhelferin nimmt in diesem Fall eine sehr eindeutige Position ein und lehnt es ab, sich an der Normalisierung nationalsozialistischer Symbole zu beteiligen. Zunächst – und das scheint uns im Vergleich mit anderen Fällen durchaus nicht die Regel – erhält sie Bestätigung seitens ihres Trägers und Vorgesetzten. Dieser nimmt seine Schutzfunktion und Fürsorgepflicht gegenüber seiner Angestellten wahr und gibt den Fall nach Rücksprache mit dem Jugendamt zurück. Dass der Supervisor und andere Kolleg_innen verunsichert reagieren und die Professionalität der Fachkraft infrage stellen, scheint - verglichen mit anderen Fällen – eine durchaus weit verbreitete Praxis. Die hier formulierten Vorwürfe begründen die von uns bereits als notwendig formulierte Auseinandersetzung in der Fachwissenschaft und Profession: Bislang kann es nicht als durchgesetzter fachlicher Standard gelten, dass eine Thematisierung menschenverachtender, diskriminierender Positionen, die von Adressat_innen geäußert werden, selbstverständlicher Teil des Arbeitsauftrages und professionsethischen Verständnisses von Fachkräften ist.

Häufig bestehen in solchen Fällen Unsicherheiten über rechtliche Fragen. Im vorliegenden Fall musste zunächst geklärt werden, ob das Aufhängen einer Hakenkreuzfahne in privaten Räumen rechtlich erlaubt ist. Durch das Hinzuziehen von professionellen Berater_innen zum Thema Rechtsextremismus, wurde dies geklärt: Lediglich für den Fall, dass verbotene Symbole von außerhalb der Wohnung erkennbar sind, liegt ein Straftatbestand vor. Generell empfehlen wir für die Arbeit in Kontexten, in denen Rechtsextremismus wahrgenommen wird, professionelle Expert_innen oder Berater_innen zu konsultieren.

Klärung des Arbeitsauftrages und des methodischen Vorgehens

Die Arbeit in privaten Kontexten der Adressat_innen stellt eine strukturelle Besonderheit der sozialpädagogischen Familienhilfe dar und wirft für den Umgang mit rechtsextremen Erscheinungsformen weitergehende Fragen auf. So muss fallspezifisch geklärt werden, ob die Begrenzung der Beratung in Räumen des Jugendamtes oder des Trägers eine sinnvolle Alternative sein kann. Andererseits wird es Situationen geben, in denen diese Lösung unzureichend ist. Von entscheidender Bedeutung ist, eine Fachkraft zu finden, die in dem beschriebenen Familienkontext arbeiten kann/will, und eine Unterstützung zu bieten, die eine kontinuierliche Reflexion professioneller Fragen begleitet. Sinnvoll kann die Aushandlung eines Arbeitsbündnisses mit der Mutter sein. Über die konkreten Zielvereinbarungen hinaus könnten Absprachen formuliert werden, die es der Fachkraft ermöglichen, für die Dauer ihrer jeweiligen Besuche nicht mit rechtsextremen Symbolen/Literatur/Aussagen konfrontiert zu werden. Im Vordergrund sollte das Ziel der Unterstützung der Kinder und ihrer Entwicklung stehen. Das kann auch die Überlegung beinhalten, ihnen perspektivisch eine Entscheidungsmöglichkeit für einen Lebensweg jenseits rechtsextremer Orientierungen zu eröffnen. Für die Arbeit mit den Erwachsenen ist zu berücksichtigen: Verläufe von Ausstiegsprozessen und der Abwendung von neonazistischen Ideologien und Alltagskontexten zeigen, dass eine persönlich wertschätzende und verlässliche Beziehungsarbeit, die mit einer kontinuierlichen und nachvollziehbaren Infragestellung entsprechender Positionen einhergeht, solche Prozesse unterstützen kann. Auch wenn dies nicht im Zentrum des Arbeitsauftrages steht, kann es für die Fachkraft vorteilhaft sein, dieses Kontextwissen in den Beratungsprozess einzubeziehen.

Nicht zuletzt bestätigt dieser Fall, dass es für die Arbeit mit Familien, in denen sich Erwachsene rechtsextrem orientieren und/oder organisieren, hilfreich ist, wenn eine Auseinandersetzung mit dieser Thematik innerhalb des Trägers und der fallgebenden Institution stattfindet. Es bedarf gut vernetzter Strukturen und einer Verständigung über das methodische Vorgehen, das über die Verantwortung der einzelnen Fachkraft hinausgeht.

2.2.4. Schutz vor häuslicher Gewalt

Häusliche Gewalt stellt ein nach wie vor virulentes gesellschaftliches Problem dar, von dem in der überwiegenden Anzahl der Fälle Frauen und Kinder betroffen sind.[77] Schutzangebote für Frauen und Kinder gab es zu verschiedenen Zeiten und in unterschiedlichen Regionen, in den meisten Fällen wurden sie im privaten oder konfessionellen Bereich organisiert. Eine Institutionalisierung und damit der Beginn der Professionalisierung starten in Westdeutschland im Nachgang der öffentlichen Thematisierung und Skandalisierung von „Gewalt gegen Frauen“ durch die Zweite Frauenbewegung. In Westberlin eröffnet 1976 das erste autonome Frauenhaus. In den darauffolgenden Jahren werden in vielen westdeutschen Städten weitere Angebote eröffnet und in der Folge in die Regelstrukturen übernommen. Nach dem politischen Umbruch 1989 werden auch in den neuen Bundesländern Frauenhäuser eröffnet und Beratungsangebote für betroffene Frauen und Kinder geschaffen.

Vor dem Hintergrund der Fragestellung, der wir in diesem Buch nachgehen, ist insbesondere der parteiliche Ansatz von Interesse, der sich als eine Besonderheit dieses Arbeitsfeldes beschreiben lässt. Parteilichkeit hat es geschichtlich gesehen von Beginn an in der Sozialen Arbeit gegeben, im Zuge der Zweiten Frauenbewegung wurde sie aus feministischer Perspektive für die Arbeit mit Frauen und Mädchen spezifiziert, u. a. für Betroffene von häuslicher und sexualisierter Gewalt.[78] Der Ansatz richtet den Fokus konsequent auf die Betroffenen, auf deren Schutz vor Gewalt ebenso wie auf das Ermöglichen von Selbstbestimmung. In der politischen Arbeit wird immer auch die strukturelle Komponente des Phänomens thematisiert: Die Erfahrungen werden nicht individualisiert, sondern im Kontext struktureller Gewalt und der bestehenden Machtverhältnisse verstanden.

Eine weitere Besonderheit dieses Arbeitsfeldes lässt sich hinsichtlich der nach wie vor notwendigen Legitimation und dauerhaft schwierigen Finanzierung des Bereiches vor dem Hintergrund seiner feministischen Ausrichtung beschreiben. So wird dem Phänomen Gender generell und geschlechtsspe-

77 | Unter häuslicher Gewalt werden alle Formen physischer, sexueller und/oder psychischer Gewalt gefasst, die zwischen erwachsenen Personen in häuslicher Gemeinschaft stattfinden, unabhängig davon, ob eine Ehe oder Partnerschaft vorliegt und unabhängig von Geschlecht, sexueller Orientierung oder Alter. Untersuchungen belegen, dass häusliche Gewalt überwiegend von männlichen Partnern ausgeht und gegen Frauen gerichtet ist. Rund 25 Prozent der Frauen im Alter von 16 bis 85 Jahren haben Gewalt in der Beziehung erlebt (Müller/Schröttle 2013).

78 | Als Vorläuferin für dieses Verständnis ist auf Alice Salomon hinzuweisen. In ihren Positionen setzte sie sich für die Verbesserung der sozialen Lage der Klient_innen ein und nahm dabei auch die Rolle gesellschaftlicher Strukturen in den Blick (vgl. hier und im Folgenden: Mobile Beratung für Opfer rechter Gewalt 2014: 10ff.). Der Begriff der Parteilichkeit selbst entsteht in Debatten, die von der Kritischen Theorie ausgehen. Antikapitalistische Gruppierungen der Studierendenbewegung beziehen dies kritisch u. a. auch auf die Soziale Arbeit und stellen deren vermeintliche Neutralität infrage. Die Zweite Frauenbewegung greift diese Debatte auf und entwickelt den Begriff in Bezug auf die Situation von Gewalt gegen Frauen weiter.

zifischen Ansätzen im Besonderen gesamtgesellschaftlich eher mit einem Unbehagen begegnet. Parteiliche Ansätze haben durchaus für die Arbeit mit Mädchen und Frauen – zumindest in den alten Bundesländern – eine gewisse Legitimität erlangt, nicht zuletzt durch die Aufnahme in Regelstrukturen. Jedoch sind Fachkräfte, die mit dem feministischen Ansatz von Parteilichkeit arbeiten, häufig immer noch mit einem entsprechenden Rechtfertigungsdruck konfrontiert. So berichten Kolleg_innen insbesondere aus den neuen Bundesländern, dass sie im öffentlichen Raum herausgefordert sind, ihre Arbeit für von Gewalt betroffene Frauen zu rechtfertigen und den Vorwurf zu entkräften, demzufolge Männer ebenso häufig und gleichermaßen von häuslicher Gewalt betroffen seien.[79] Im Kontext einer antifeministischen Kampagne, in der sich seit ca. 2012 verstärkt Männerrechtler, sogenannte Maskulinisten, christliche Fundamentalist_innen und Rechtspopulist_innen gegen Gleichstellungspolitiken, gegen Gender Studies als Studienrichtung und frauenspezifische Angebote richten, ist dieser Rechtfertigungsdruck in gesteigertem Maße wahrnehmbar. Diese komplexen, u. a. finanziellen Herausforderungen stellen einen Rahmen dieses Arbeitsbereiches dar. Vor diesem Hintergrund sind die im Folgenden zu beschreibenden Herausforderungen auch zu betrachten bzw. sollten berücksichtigt werden.[80]

Doch welche konkreten Herausforderungen ergeben sich in diesem Bereich für die Fachkräfte in der Auseinandersetzung mit aktuellem Rechtsextremismus? Wie für andere Bereich auch lässt sich sagen, dass alltagsrassistische und andere diskriminierende Äußerungen gesamtgesellschaftlich weit verbreitet sind und insofern sowohl von Klient_innen der Sozialen Arbeit als auch von

79 | Mögliche Hintergründe, die diese Situation bedingen, lassen sich historisch herleiten. Häusliche Gewalt gegen Frauen war im Sinne des Bildes über „die sozialistische Frau" kein öffentliches Thema in der DDR. Im ideologischen Selbstbild des Staates waren derartige Erscheinungsformen nicht existent und wurden individualisiert. Eine gesamtgesellschaftliche Debatte um häusliche Gewalt an Frauen, wie sie von der westdeutschen Frauenbewegung durchaus auch medial erfolgreich in den 1970er und 80er Jahren geführt wurde, ist bislang in den neuen Bundesländern ausgeblieben. Auch wenn es innerhalb der als paternalistisch beschriebenen Frauenpolitik der DDR (Nickel 2009) eine Gleichstellungspolitik für Frauen in bestimmten Berufszweigen gegeben hat, so sind eine soziale Bewegung wie der Feminismus und damit einhergehende öffentliche Debatten weitestgehend nicht existent gewesen. Vgl. hierzu kritisch: Kuhrig/Thürmer-Rohr 2003.

80 | Mit finanziellen Problemen und wiederholten Kürzungen kämpfen verschiedene Bereiche Sozialer Arbeit, wir haben u. a. im Kapitel zur Jugendarbeit hierauf verwiesen. Es geht uns nicht um die Frage, welcher Bereich am Härtesten betroffen ist. Dennoch sollte berücksichtigt werden, dass feministische Projektarbeit seit ihrer Installierung in den 1970er Jahren in Westdeutschland mit Delegitimierung und drohenden Kürzungen zu kämpfen hat.

Mitarbeitenden vertreten werden können. Das Problem liegt aus unserer Sicht darin, dass ein Übersehen oder Nichtbeachten von Diskriminierungen auch dazu führen kann, dass Personen, die sich rechtsextrem orientieren oder bereits organisiert sind, mit ihren Einstellungen ggf. unerkannt bleiben, u. a. weil sie mit ihren ideologischen Positionen anschlussfähig sind. Da es hierzu – ähnlich wie in den Bereichen der sozialpädagogischen Familienhilfe und den Pflegeberufen – bislang keine breitere Fachdiskussion zu diesem Thema gibt und bislang auch keine Forschung vorliegt, bringen wir unsere Erfahrungen aus der Beratungsarbeit in diesem Bereich ein.

Wie bereits oben eingeführt, sehen wir eine Besonderheit in diesem Bereich im Zusammenhang mit dem parteilichen Ansatz: Mit der konsequenten Unterstützung der Betroffenen kann aus dem Blick geraten, dass diese sich auch rassistisch äußern und/oder auch Befürworterinnen und Akteurinnen in politisch rechtsextremen Gruppierungen sein können. Anders gesagt: Mit einer Fokussierung auf die Erfahrungen als Opfer von Gewalt und der konkreten Hilfe für die Betroffenen kann es schwierig sein, Aussagen zu hinterfragen oder zu kritisieren, die in anderen Kontexten möglicherweise selbstverständlicher zu einer Thematisierung führen. Problematisch wird es bereits, wenn diskriminierende Aussagen von Fachkräften nicht als solche wahrgenommen und mit den Frauen nicht kritisch diskutiert werden. In Frauenhäusern und in Zufluchtswohnungen hat dies unmittelbare Folgen für andere Bewohnerinnen und Mitarbeitende. Nicht zuletzt hat eine ausbleibende Auseinandersetzung mit rassistischen Aussagen negative Konsequenzen für die Ausprägung eines demokratischen alltäglichen Miteinanders, potenziell Betroffene sind von Diskriminierung oder gar Gewalt bedroht.

In unserer Beratungsarbeit haben wir sehr unterschiedliche Erfahrungen gemacht. So gibt es in vielen, gerade in langjährig bestehenden Beratungseinrichtungen und Frauenhäusern einen institutionalisierten Umgang mit Diskriminierungen und Ausgrenzungen, die vonseiten einzelner Klientinnen gegenüber anderen Bewohnerinnen oder auch gegenüber Fachkräften stattfinden. Die multikulturelle Zusammensetzung der Teams und der Bewohnerinnen hat hier zu einer Auseinandersetzung mit verschiedenen Diskriminierungsformen geführt, die in Fällen ethnischer bzw. rassistischer Diskriminierung oft von weißen Frauen ausgingen, aber auch übergreifend gegenüber Frauen mit körperlichen Beeinträchtigungen und/oder lesbischen Frauen auftraten (Lehmann 2008). Die Positionierungen und politischen Kämpfe von migrantischen Selbstorganisationen für eine gesamtgesellschaftliche Auseinandersetzung mit Rassismus haben in der feministischen Projektarbeit zu einer diesbezüglichen Beschäftigung und Professionalisierung geführt. Hausordnungen und Leitbilder regeln in vielen Einrichtungen das *Wie* eines diskriminierungssensiblen Miteinanders und mögliche Interventionen; innerhalb der Teams gibt es einen professionellen Umgang damit in Form von Supervision und kollegialer Fallberatung.

Anders erleben wir diesen Umgang in Einrichtungen, die in ländlichen Regionen mit einer geringen Einwanderung oder generell geringen Diversität arbeiten. Oft haben diese Projekte mit starken finanziellen Herausforderungen zu kämpfen, sind erst wenige Jahre etabliert und kleine Träger im Vergleich zu Einrichtungen, die in Ballungszentren situiert sind und historisch durch engagierte Personen der sozialen Bewegungen mitgetragen werden. Nicht selten leben und siedeln in diesen ländlichen Regionen seit mehreren Jahren Familien, die sich rechtsextrem oder auch völkisch verstehen. Frauen und Mütter aus rechtsextremen Zusammenhängen nutzen Angebote zum Schutz vor häuslicher Gewalt und sind Klientinnen in Frauenhäusern (s.u.). Auch wenn es hierzu keine empirisch abgesicherten Erhebungen gibt, deuten, folgt man der Rechtsextremismusexpertin Heike Kleffner, dokumentierte Fälle aus dem Monitoring darauf hin, dass das Problem „in ostdeutschen Flächenländern nicht ungewöhnlich ist“ (dies. 2014: o. S.). Nicht selten gehen diese Frauen sehr strategisch mit ihrer politischen Haltung um und versuchen je nach Situation, unerkannt zu bleiben oder neue Sympathisantinnen für ihre Ideologie zu finden. Wir sind hier mit Fällen konfrontiert, in denen alltagsrassistische und andere diskriminierende Äußerungen von Frauen getätigt werden, die deutlich rechtsextrem orientiert oder auch Kaderfrauen sind. Insofern haben wir es mit speziellen Fragestellungen hinsichtlich der Intervention zu tun. Ähnlich wie in anderen Arbeitsfeldern von Sozialer Arbeit ist es für Fachkräfte wichtig, zwischen Mitläuferinnen und Kadern zu unterscheiden. Auch wenn in Schutzeinrichtungen vor häuslicher Gewalt nicht beabsichtigt ist, die Zusammenarbeit mit Klientinnen zu beenden, die als Kader in rechten Szenen aktiv sind – wie wir es für die Gruppenarbeit mit Jugendlichen in offenen Angeboten empfehlen[81] – ist es dennoch unabdingbar, diese Unterscheidung im Sinne einer sensibilisierten Wahrnehmung mit zu bedenken. Nicht zuletzt stellen sich Fragen des Schutzes potenzieller Opfer von Diskriminierung, die zu beachten sind, wenn eine Aktivistin oder Kaderfrau aus der rechten Szene im Frauenhaus mit migrantischen, lesbischen und/oder körperlich beeinträchtigten Frauen wohnt.

Außerdem stellen sich professionelle Fragen, in welchen Bereichen die Klientin unterstützt wird bzw. wann eine Grenzsetzung gegenüber rechtsextremen Positionierungen stattfindet und eine diesbezügliche Hilfe begründet

81 | Ein weiterer wichtiger Unterschied besteht darin, dass mit Adressat_innen von Jugendarbeit präventiv pädagogisch gearbeitet werden kann. Von daher ist es in der offenen Jugendarbeit unabdingbar, sich darüber zu verständigen, wer mit präventiven Angeboten pädagogisch erreichbar ist. Dieser Aspekt spielt in der Arbeit mit von häuslicher Gewalt betroffenen Frauen keine Rolle.

verwehrt wird. Beispielhaft lässt sich dies an einem Fall skizzieren, in dem eine Frauenhaus-Bewohnerin als Zeugin vor Gericht in einem Prozess aussagt, der gegen einen mutmaßlich rechtsextremen Täter wegen Totschlags geführt wird. Im Prozess präsentiert sich die Frau in ihrer Zeugenaussage als „überzeugte Nationalsozialistin" (Kleffner: o. S.), begleitet wird sie von einer Sozialarbeiterin des Frauenhauses (vgl. ebd.). Das wirft Fragen auf: Ist die Begleitung zum Prozess Teil des Arbeitsauftrages der Sozialarbeiterin? Wie ist dies aus ethisch-professioneller Sicht zu bewerten? Wurde die politische Einstellung der Klientin vorab wahrgenommen und ein Umgang damit gefunden? Oder fiel der Sozialarbeiterin möglicherweise erst durch die Präsentation der Klientin im Prozess auf, dass es sich um eine überzeugte Neonazi-Frau handelt? Wenn das der Fall sein sollte, ist zu fragen, ob nach dem Prozesstag eine kritische Auseinandersetzung mit der Frau geführt wurde.

Was der in aller Kürze skizzierte Fall offenlegt, beschreibt eine der zentralen Herausforderungen in diesem Bereich: Werden rechtsextreme Positionen nicht als solche wahrgenommen und/oder bleibt eine Positionierung und Grenzsetzung der Fachkraft aus, kommt es zur Normalisierung von Rechtsextremismus, an der in diesem Fall die Sozialarbeiterin durchaus beteiligt ist. Neben der Frage des Opferschutzes, die hier außen vor bleibt, kommt es damit auch zum Konflikt mit den menschenrechtsorientierten Anforderungen des beruflichen Selbstverständnisses Sozialer Arbeit.

Übereinstimmend zu diesem Fall zeigt sich in unseren Beratungen, dass Fachkräfte auch in diesem Bereich vor der Herausforderung stehen, sich in der Konfrontation mit rechtsextremen Äußerungen und anderen Handlungen zu positionieren und einen Umgang mit entstehenden Dilemmata zu finden. Der folgende Fall soll dies exemplarisch verdeutlichen:

In einer Zufluchtswohnung für Betroffene häuslicher Gewalt leben drei Mütter mit ihren Kindern. Der Sozialarbeiterin fällt auf, dass das Kind einer Bewohnerin ein T-Shirt mit der Aufschrift „Kleiner Odin" trägt. Als sie die Mutter anspricht, relativiert diese einen Zusammenhang mit der rechtsextremen Szene. Im Aufnahmegespräch hatte die Mutter angegeben, sich aus der gewaltvollen Beziehung mit einem Neonazi zu trennen und auf der Suche nach einer eigenen Wohnung zu sein. Im Verlauf ihres Aufenthaltes in der Zufluchtswohnung stellt sich heraus, dass sie schwanger ist und der aktuelle Beziehungspartner und Vater des Kindes wiederum in der Neonazi-Szene aktiv. In ihrer Freizeit geht die Klientin wiederholt auf Veranstaltungen der NPD, auch mit ihren Kindern. In die Einrichtung bringt sie Flyer der NPD mit. Im Gespräch macht die Sozialarbeiterin deutlich, dass rassistische Positionen und diskriminierendes Verhalten in der Zufluchtswohnung nicht geduldet sind, die Bewohnerin hat sich vertraglich dazu verpflichtet. Eine andere Bewohnerin fühlt sich durch die wahrgenommene Nähe der Mitbewohnerin zur

Neonazi-Szene bedroht. Die Sozialarbeiterin steht vor der Frage, ob sie die Familie weiterhin unterstützen soll, im Besonderen bei der Wohnungssuche, da die Klientin hier mit ihrem neuen Partner einziehen möchte. Sie verwirft die Möglichkeit, die Klientin mit ihren Kindern in eine Einrichtung der Wohnungslosenhilfe zu vermitteln. Gleichzeitig fühlt sie sich ohnmächtig gegenüber der Perspektive, dass die Kinder in einem rechtsextremen Milieu aufwachsen. Als erschwerend nimmt sie wahr, dass die Klientin auf ihre Forderung, rechtsextremes Werbematerial aus der Wohnung zu entfernen, nur partiell reagiert. Sie scheint davon auszugehen, dass sie trotz der Nichtbeachtung der Regeln auch weiterhin unterstützt wird.

Wie auch in anderen Arbeitsfeldern müssen Fachkräfte in Schutzeinrichtungen häuslicher Gewalt einen Umgang mit der Verwendung rechtsextremer Symbole und/oder Verbreitung entsprechender Materialien durch Klientinnen finden. Personen, die sich in rechtsextremen Milieus bewegen, verfahren oft strategisch mit der Kritik an entsprechenden Symbolen, sei es auf Kleidung, als Tattoos etc. Häufig wird ein Zusammenhang mit rechtsextremer Ideologie geleugnet und eine entsprechende Unsicherheit von Fachkräften genutzt. Gleichzeitig sind diese Symbole für den ungeschulten Blick oft nicht unmittelbar zu erkennen, Unsicherheit ist eine Folge. Es ist sinnvoll, sich von Professionellen beraten zu lassen und/oder entsprechendes Aufklärungsmaterial zu sichten.

Eine rechtliche Besonderheit besteht in diesem Bereich infolgedessen, dass Klientinnen nicht Mieterinnen der jeweiligen Wohnung sind, sondern einen Vertrag mit dem Träger eingehen. Hier eröffnet sich eine Chance: Der Vertrag zwischen Träger und Klientin sollte klären, wie das gemeinsame Wohnen diskriminierungs- und gewaltfrei zu gestalten ist und welche Konsequenzen sich aus Verstößen ergeben. Es ist hilfreich, in einer Hausordnung festzuhalten, dass diskriminierende Äußerungen generell zu unterlassen sind und rechtsextremes Material im Besonderen nicht in den Räumen ausgelegt, aufgehängt respektive nicht an andere Bewohnerinnen oder Dritte in den Räumen verteilt werden darf. Anders als in privaten und persönlich gemieteten Räumen gelten dort bestimmte Regeln, an die sich Bewohnerinnen halten müssen und bei Missachtung mit entsprechende Konsequenzen zu rechnen haben.

Grundsätzlich ist für das Zusammenwohnen in Zufluchtswohnungen und Frauenhäusern die Frage des Schutzes von Betroffenen rechtsextremer Gewalt zu beachten. So sollte eine klare Positionierung der Sozialarbeiter_innen und eine parteiliche Haltung zu allererst den konsequenten Schutz der potenziell Betroffenen signalisieren. Mit Bezug auf die Hausordnung ist es möglich, eine transparente Auseinandersetzung mit Bewohnerinnen zu führen, die sich diskriminierend verhalten. Sollte eine wahrgenommene Bedrohung nicht beendet werden, sind letztlich andere Schritte zu bedenken, die auch zur

Aufhebung des Vertrages führen können bzw. zur Klärung der Frage, ob eine alternative Betreuung in einem anderen Kontext möglich ist.

Ähnlich wie im Bereich der Familienhilfe sind Sozialarbeiter_innen in diesem Bereich damit konfrontiert, dass Klientinnen, die sich rechtsextrem engagieren oder zumindest ideologisch orientiert sind, nicht ohne Weiteres einen Ausstieg aus der Neonazi-Szene bewerkstelligen oder überhaupt in Betracht ziehen. Die in dem geschilderten Fall von der Klientin im Erstgespräch geäußerte Absicht, mit der Trennung vom Lebenspartner auch die rechtsextreme Szene oder Orientierung hinter sich zu lassen, erweist sich als wenig belastbar. Neben einer professionellen Haltung, die einen Umgang mit Frustrationen ermöglicht, kann das Wissen um die Langfristigkeit von Prozessen der Abwendung von rechtsextremen Szenen von Vorteil sein. So übernehmen rechtsextreme Orientierungen für die jeweiligen Personen bestimmte Funktionen. Es kann hilfreich sein, diese mit biografisch orientierter Beratung zu rekonstruieren und auf dieser Ebene im Sinne von Infragestellungen und Auseinandersetzungen zu intervenieren (Köttig 2004: 375-379). Aus der Analyse erfolgreicher Ausstiegsprozesse ist ersichtlich, dass eine kontinuierliche Beziehungsarbeit und damit einhergehende konsequente Infragestellung der ideologischen Positionen das ist, was letztlich Klientinnen in diesem Prozess unterstützt. Eine (Beratungs-)Arbeit in Richtung Ausstieg macht allerdings nur Sinn, wenn es hierfür eindeutige Absichtserklärungen gibt und konsequente Schritte aus den realen Lebenszusammenhängen heraus (Abwendung vom Neonazi-Umfeld und der Ideologie). Nicht zuletzt ist dies auch eine Frage der Ressourcen, die die Fachkräfte in der Schutzeinrichtung selbst aufbringen können, möglicherweise bedarf es zusätzlicher Beratung und Qualifizierung. Uns ist also durchaus bewusst, dass auch eine kontinuierliche biografisch orientierte Beziehungsarbeit eine Ausstiegsberatung (und damit z.T. langjährige Begleitung) nicht ersetzen kann.

Auch wenn ein Ausstieg aus rechtsextremen Zusammenhängen und Ideologien vonseiten der Klientin momentan nicht beabsichtigt ist und/oder es sich um eine Aktivistin der Neonazi-Szene handelt, die für ihre Ideologie wirbt, sollte eine strategische Arbeitsbeziehung geschlossen werden. Im Zentrum steht dabei die Frage der Unterstützung der Kinder. So kann der Klientin vermittelt werden, dass ein Aufwachsen in diesen Zusammenhängen, die Zukunftschancen ihrer Kinder, aber auch gegenwärtige Lebensräume, Lern- und Handlungsoptionen einschränkt. In den meisten Fällen sind Mütter am Wohlbefinden und den Perspektiven ihrer Kinder interessiert, hieran lässt sich aus pädagogischer Perspektive anknüpfen. Grundsätzlich ist es sinnvoll, dass Kinder die Einrichtungen frühkindlicher Pädagogik besuchen und die dortigen Kolleg_innen die familiären Zusammenhänge überblicken. Die Erzieher_innen können und sollten bei der Erreichung der Ziele, die in der Arbeitsbeziehung mit der Mutter formuliert sind, einbezogen werden. Motivation sollte sein, dass diese Kinder mit der Adoleszenz die Möglichkeit haben, eigenständig zu entscheiden, ob sie ihr Leben in rechtsextremen Zusammenhängen gestalten wollen oder Alternativen suchen (vgl. Kapitel 2.2.1.).

Da bislang wenig bekannt ist, dass häusliche, aber auch sexualisierte Gewalt in rechtsextremen Milieus durchaus weit verbreitet ist und wir von einem Phänomen sprechen können, das dem modernen Rechtsextremismus strukturimmanent ist, legen wir nun im Sinne eines Exkurses hierauf den Fokus.

Häusliche und sexualisierte Gewalt in rechtsextremen Milieus

Rechtsextreme Ideologie und die Konstruktion einer „Volksgemeinschaft" korrelieren mit einem Selbstbild, demzufolge es in Neonazi-Gruppierungen einen geschützten Raum für Frauen gäbe; sie seien in der „Volksgemeinschaft" sicher vor sexueller und körperlicher Gewalt, insbesondere innerhalb einer heterosexuellen Partnerschaft. Der Mythos von der „heilen deutschen Familie" ist eng mit dem Bild der „bürgerlichen Familie" verknüpft. Er lässt sich zurückverfolgen in den historischen Nationalsozialismus, findet sich aber auch in nationalistischen Texten, die mit der Gründung des Deutschen Reiches und einer erstarkenden nationalen Bewegung einhergehen (vgl. u. a. Vinken 2011: 191ff.). Das traditionell weit verbreitete Bild des „ehrbaren Mannes", der seine Frau beschützt und vor Gewalt bewahrt, war sehr anschlussfähig an diese Bewegung und wurde nachhaltig integriert. Auch im modernen Rechtsextremismus werden diese Konstruktionen vertreten, z. B. in Liedtexten, in denen sexueller Missbrauch thematisiert wird. Jenseits dieses Mythos zeigt sich, dass es innerhalb rechtsextremer Gruppierungen eine sogenannte Veralltäglichung von Gewalt gibt. Die Ideologie einer Ungleichwertigkeit von Menschen führt in ihrer Konsequenz zu einer grundsätzlichen Präsenz von Gewalt, sei es in Sprache, körperlichem Handeln oder ideologischen Entwürfen. Erlebnisberichte von Personen, die aus rechtsextremen Szenen ausgestiegen sind, verdeutlichen dieses Phänomen. So berichten gerade Aussteigerinnen, in welch hohem Maße Gewalt – körperliche und sexualisierte – gegenüber Frauen generell, aber auch in Partnerschaften gegenüber Frauen und auch Kindern verbreitet ist (vgl. z. B. Rödel 2014). Auf die Relevanz, die sexualisierte Gewalt in diesen Milieus einnimmt, deuten auch Berichte über Hausdurchsuchungen in der Szene. Neben rechtsextremer Propaganda wird häufig kinderpornografisches Material sichergestellt. So ist beispielsweise auf dem Computer von Beate Zschäpe entsprechendes Material gefunden worden (N. N. in Spiegel.de 2013).

Mädchen und Frauen, die sich in rechtsextreme Szenen hineinbegeben, leben mit der beschriebenen Diskrepanz: Einerseits präsentiert sich die Szene für sie als Schutzraum. Erfahrungsberichte über Hinwendungen von jungen Frauen in entsprechende Gruppen deuten darauf, dass diese Bilder durchaus aufgegriffen werden: Insbesondere Mädchen und Frauen, die sexualisierte Gewalt in ihrer Biografie erlebt haben, nehmen dieses Bild als real wahr, sie erwarten entsprechenden Schutz durch „den starken Mann". Der erwartete Schutz kann insofern durchaus ein relevantes Einstiegsmotiv von jungen Frauen in rechte Szenen sein. Dieses Wissen ist nicht zuletzt zu berücksichtigen, wenn Fachkräfte mit jungen Frauen arbeiten (vgl. Kapitel 2.2.2.).

Auf der anderen Seite bzw. im gelebten Alltag sind Mädchen und Frauen in rechtsextremen Gruppierungen real mit Sexismus und verschiedenen Formen der Gewalt in sehr hohem Maße konfrontiert (Köttig 2004; Bitzan 1997). Der hier beschriebene Widerspruch lässt sich am Beispiel von Ricarda Riefling beschreiben, einer langjährigen Kaderfrau, die auf rechtsextremen Aufmärschen als Rednerin auftritt und als ideologische Vordenkerin Positionen zu Themen formuliert, die in rechtsextremen Kampagnen als mit „Volkstod" oder „Todesstrafe für Kinderschänder" tituliert werden. Sie ist Mutter von vier Kindern. Explizit als Mutter positioniert sie sich sehr strategisch zu Themen der Kindererziehung, Schutz vor sexuellem Missbrauch etc. In einem Interview mit dem Tagesspiegel im November 2011 beschreibt Riefling Beate Zschäpe als der rechtsextremen Szene unwürdig, da „Mord und Gewalt die falschen Mittel" zur Durchsetzung deren Ziele seien (Lehmann 2011). Weder habe sie selbst jemals Gewalt in der rechten Szene erlebt noch wahrgenommen, dass andere Frauen dort Gewalt erfahren haben (vgl. hier und im Folgenden ebd.). Sie beschreibt ihren Mann als fürsorglich, der sich um die Kinder und den Haushalt kümmert. Wenige Monate später macht Riefling die Trennung von Dieter Riefling auf ihrer Facebook-Seite öffentlich. Sie verweist darauf, dass sie jahrelang massive häusliche Gewalt von ihrem Ehemann erleiden musste. Ricarda Riefling geht erneut eine Beziehung mit einem gewaltbereiten Neonazi ein und setzt ihre Karriere im Rechtsextremismus fort. Aktuell ist sie Bundesvorsitzende des Rings Nationaler Frauen.

2.2.5. Pflege

In diesem Abschnitt konzentrieren wir uns auf einen weiteren weiblich konnotierten Bereich: die Pflege. Auch hier erheben wir nicht den Anspruch, repräsentative Aussagen zu machen. Vielmehr wollen wir anhand von Fallbeispielen die Verstrickungen von Weiblichkeitsbildern mit Rassismen und anderen Diskriminierungsformen aufzeigen. Dabei nehmen wir Stereotype kritisch in den Blick, mit denen Tätigkeiten wie „das Pflegen" und „Sich-Kümmern" um alte und/oder kranke Menschen als „gut" und „weiblich" gelten. Auch hier wollen wir für die Gefahr einer entpolitisierten Wahrnehmung und der daraus folgenden Nicht-Wahrnehmung von rechtsextremen Frauen und menschenverachtenden Einstellungen sensibilisieren. In Kontakt mit dem Thema sind wir über unsere Beratungstätigkeit zum Thema Rechtsextremismus und Gender gekommen. Sowohl auf Fortbildungen als auch im Austausch mit Kooperationspartner_innen erreichten uns seit 2013 vermehrt besorgte Anfragen darüber, wie denn mit Pflegerinnen und Krankenschwestern umzugehen sei, die sich rechtsextrem orientieren oder organisieren, und ob wir Kenntnis darüber hätten, wie verbreitet das Phänomen sei.

Auch der Bereich der Pflege ist in der Auseinandersetzung mit dem Thema Rechtsextremismus auf unterschiedlichen Ebenen zu betrachten: auf der Ebene der Fachkräfte und zudem auf der Ebene der Klient_innen/Patient_innen sowie deren Angehörigen/Freund_innen. Vergleichbar mit der Sozialen Arbeit gilt Pflege (nicht Medizin) nach wie vor sehr häufig als ein typisch weiblicher Bereich. Ebenso wie die Professionalisierungsgeschichte von Sozialer Arbeit ist die Institutionalisierung der Berufe Krankenschwester/Pflegerin eng verknüpft mit geschlechterstereotypen Zuschreibungen. Sowohl der Beruf der Fürsorgerin als auch der Beruf der Krankenschwester waren im ausgehenden 19. Jahrhundert eine der wenigen „ehrbaren" oder „standesgemäßen" Möglichkeiten für bürgerliche Frauen, erwerbstätig zu sein. Die lediglich angedeutete Entwicklung steht u. a. im Zusammenhang mit dem Konzept der organisierten Mütterlichkeit der Frauenbewegung (s.o.). Historische Gemeinsamkeiten zwischen den Berufsfeldern finden sich darüber hinaus in der Thematisierung der Tätigkeiten von Krankenschwestern/Pflegerinnen in der nationalsozialistischen Zeit. Auch hier war die Auseinandersetzung über einen langen Zeitraum von einer Nicht-Wahrnehmung möglicher Täter_innenschaft geprägt. So waren nur wenige Krankenschwestern im Rahmen der Nürnberger Ärzteprozesse angeklagt. Demgegenüber waren Krankenschwestern/Pflegerinnen in vielen unterschiedlichen Bereichen an der Umsetzung der nationalsozialistischen „Gesundheitspolitik" beteiligt, beispielsweise in Heil- und Pflegeanstalten und einer damit einhergehenden Beteiligung an der „Euthanasie", in Konzentrationslagern bei der Durchführung von verbrecherischen medizinischen Versuchen an Menschen oder als Schwestern in Lebensborn-Heimen. Organisiert waren sie in der NS-Schwesternschaft. Die Krankenschwester und spätere Pflegewissenschaftlerin Hilde Steppe war eine der ersten, die sich explizit mit dem Thema der Beteiligung auseinandergesetzt hat (Steppe 2001).

Auch heute wird der Bereich der Pflege als ein „guter" Ort aufgefasst, als Ort der Heilung, Genesung und Zuwendung. Dementsprechend unterliegen die in dem Bereich Tätigen zumeist positiven Zuschreibungen. Diese Grundvoraussetzungen erschweren auf vielfältige Art und Weise die Wahrnehmung „böser", also ethisch, menschenrechtlich kritisierbarer, verwerflicher Phänomene, die es dennoch gibt. Die Wahrnehmung wird allgemein dadurch erschwert, dass Alltagsrassismus und weitere Formen von Diskriminierungen in allen Bereichen der Gesellschaft weit verbreitet sind und demzufolge solcherart Erscheinungsformen häufig nicht als problematisch erkannt werden.

Gleichzeitig bildet sich im heutigen Pflegebereich eine in Deutschland existente Einwanderungsgesellschaft ab. In Westdeutschland haben sich Arbeitsbereiche, die tendenziell strukturell unterbezahlt waren/sind, eher für Migrant_innen geöffnet. Da in ländlichen und teilweise strukturschwachen Gebieten im Bereich der Pflege häufig Fachkräftemangel besteht, werden seit einigen Jahren Fachkräfte aus osteuropäischen Ländern angeworben. Insofern ist der Bereich seit mehreren Jahren von ethnischer Diversität geprägt. Darüber hinaus sind im Bereich der Pflege immer auch Menschen tätig, deren Lebensentwürfe jenseits heteronormativer Vorstellungen und Praxen stattfinden. Angesichts dieser und weiterer Zugehörigkeiten der Fachkräfte ist immer mit zu berücksichtigen, dass dem Schutz und der Fürsorge für mögliche Betroffene von Rassismus/Rechtsextremismus/Antisemitismus sowie weiteren Diskriminierungsformen eine besondere Aufmerksamkeit zukommt.

Die folgende Fallgeschichte haben wir in unserer Beratungstätigkeit kennengelernt und diskutiert. Die hier deutlich werdenden Herausforderungen zeigen sich in weiteren Fällen.

In einem Pflegeheim verweigert eine Bewohnerin die Pflege durch eine polnische Fachkraft. Die polnische Pflegerin berichtet, dass sie von der Bewohnerin rassistisch beleidigt worden sei. Die Pflegedienstleitung führt daraufhin ein Gespräch mit den Angehörigen. Diese erklären, dass man doch Verständnis für ihre Mutter haben sollte. Sie sei eine alte Frau und habe auch den Krieg erlebt. In der Supervision bringen die Pflegekräfte dies als legitimes Argument dafür ein, dass sie eine neue Fachkraft ohne Migrationsgeschichte für die Bewohnerin eingesetzt haben. Begründet wird dies damit, dass das Leitbild der Institution sie verpflichtet, klientenzentriert den Bedarfen der Bewohnenden nachzugehen. Auf Nachfrage der Supervisorin, welcher Umgang mit der polnischen Fachkraft gefunden wurde, stellte sich heraus, dass ihre Perspektive bislang von den beteiligten Kolleg_innen nicht beachtet worden war. Weder die direkten Kolleg_innen noch die Einrichtungsleitung hatten das Gespräch mit der Fachkraft gesucht und nach ihrer Perspektive, dem Umgang mit der Situation, der psychosozialen Belastung gefragt. Aufgrund der periodischen Arbeitszeit nahm die Kollegin nicht an der Supervision teil.

In diesem Fallbeispiel verschränken sich verschiedene Aspekte. Verständlicherweise wünschen sich die Angehörigen einen fürsorglichen Ort für ihre Mutter, die aus ihrer Perspektive viel erlebt hat, u. a. auch den Zweiten Weltkrieg. Die Tatsache, dass sich die alte Frau rassistisch verhält, irritiert Vorstellungen von einer Idylle. So passt dies zum einen wenig in ein gesellschaftlich erwünschtes und weit verbreitetes Bild der liebevollen Großmutter. Zudem kann mit dem Verhalten der alten Frau das Pflegeheim als Ort weder wertfrei noch aus ethisch-moralischer Perspektive als Schutzraum vor Diskriminierung wahrgenommen werden. Vielmehr wird er zu einem gesellschaftlichen Ort, an dem Rassismus stattfindet. Verstärkt wird die Problematik dadurch, dass weder von Seiten der Pflegekräfte als auch der Leitung eingegriffen und keine Position gegenüber dem rassistischen Verhalten der Frau gefunden wird. Ohne eine Sanktionierung jedoch kommt es zu einer Reproduktion und Verfestigung dessen und der Ort (das Pflegeheim) wird – zumindest für diese Situation – zu einem rassistischen.

Ein weiterer problematischer Aspekt findet sich in der kritiklosen Übernahme des Appells der Angehörigen durch die Fachkräfte der Einrichtung und ihre Leitung: Sie fordern, darauf Rücksicht zu nehmen, dass die Adressatin den Zweiten Weltkrieg erlebt habe und daher gegenüber polnischen Menschen feindlich eingestellt sei. Vor dem Hintergrund, dass deutsche Wehrmachtssoldaten 1939 Polen überfallen und den Zweiten Weltkrieg beginnen, in dessen Verlauf unvorstellbare Menschenrechtsverletzungen begangen wurden, offenbart sich hier Geschichtsrevisionismus. Zudem wird um Verständnis für diese Einstellung geworben: Es ist zu problematisieren, dass die Fachkräfte gegenüber der Frau und gegenüber ihren Kindern diese Äußerungen nicht thematisieren, sondern ganz im Gegenteil selbst als vermeintlich legitime Argumente übernehmen und vertreten. Ebenso problematisch ist, dass weder Fachkräfte noch Leitung auf die polnische Fachkraft zugehen und einen Raum für eine Thematisierung des von ihr erlebten Rassismus eröffnen. Es lässt sich hier von mangelnder Solidarität und mangelndem Schutz sprechen. Ziel ist, die Fachkraft vor weiteren Diskriminierungen zu schützen. Sie sollte darüber entscheiden können, ob sie weiterhin die Bewohnerin betreuen möchte (falls sie sich gegen eine weitere Betreuung entscheidet, muss eine andere Kolleg_in einspringen). Dies wirft grundsätzliche und über den Fall hinausgehende Fragen des Schutzes von Fachkräften mit kulturell diversen Zugehörigkeiten auf. Im konkreten Fall ist es zwingend notwendig, dass unabhängig davon, wie gegenüber der Bewohnerin verfahren wird, die Fachkraft unmittelbar Unterstützung erhält. Sowohl von ihren Kolleg_innen, als auch von der Leitung, dem Träger und perspektivisch von den anderen Bewohner_innen. Es macht einen Unterschied, wenn viele Personen betonen, dass sie rassistisches Verhalten allgemein und das der Bewohnerin im Besonderen als nicht akzeptabel empfinden, und widersprechen. Zu allererst ist es auch Aufgabe der Leitung zu zeigen, dass rassistische Äußerungen und rassistisches Verhalten in der Einrichtung nicht erwünscht und nicht geduldet sind.

Das Fallbeispiel macht auch deutlich, wie wichtig es ist, dass auf unterschiedlichen Ebenen mit den Themen Rassismus und Diskriminierung umgegangen werden muss. Häufig wird in der Auseinandersetzung mit rassistischen, antisemitischen oder geschichtsrevisionistischen Äußerungen von Bewohner_innen in Alten- und/oder Pflegeheimen sowie Einrichtungen der (teil)stationären Altenhilfe auf die Selbstbestimmungsrechte der Klientel hingewiesen. Und es wird darauf verwiesen, dass mit den Klient_innen (oder deren Angehörigen) Verträge abgeschlossen worden sind. Außerdem wird argumentiert, dass der Pflegeeinrichtung im Fall einer Vertragsaufhebung ökonomischer Schaden entstünde. Aus dem Blick gerät dabei, dass die Rechte der Klient_innen dann begrenzt sind, wenn sie mit ihrem Verhalten andere Bewohner_innen, Besucher_innen oder Fachkräfte diskriminieren und schädigen. Anders gesagt: Entsprechend einer Menschenrechtsorientierung der Professionen ist es selbstverständlich, dass physische Gewalt untereinander oder gegenüber Fachkräften nicht tolerierbar ist. Diese Haltung ist auf Rassismus, Sexismus, Homophobie sowie weitere Diskriminierungsformen zu übertragen. Menschenrechtsorientierte Standards dürfen nicht mit Verweis auf ökonomische Zwänge beschnitten werden. Vielmehr sollte ein sensibler Umgang hiermit entwickelt und fachliche Standards etabliert werden, mit denen schwierige ökonomische Rahmenbedingungen im Kontext professionsethischer Fragen zu verhandeln sind. Hilfreich kann eine Hausordnung sein, die sich gegen jede Form von Diskriminierung ausspricht und weitestgehend praxisnah schildert, wann diese beginnt und welche Handlungsmöglichkeiten bestehen. Soweit möglich, ist es sinnvoll, den Text mit Bewohner_innen und ihren Angehörigen vor deren Einzug zu besprechen. Zudem sollte er Grundlage für jeden Vertragsabschluss sein. Für die gesamte Einrichtung ist die Entwicklung eines demokratischen Leitbildes anzuraten, Bewohner_innen, Team, Leitung und die Besucher_innen können und sollten einbezogen werden. In einem solchen Prozess kann darüber hinaus die Diversität aufseiten der Bewohner_innen und der Fachkräfte einen wichtigen Platz einnehmen, kenntlich gemacht und als begrüßenswerte Selbstverständlichkeit kommuniziert werden. Der Träger der Einrichtung kann auf weiteren Ebenen (Fachrunden, politischen Gremien etc.) auf das Leitbild der Einrichtung verweisen und somit auch öffentlich für die Herausforderung im Umgang mit Rassismus in Pflegeeinrichtungen sensibilisieren.

In einem Hauskrankenpflege-Team fällt eine Kollegin wiederholt durch abfällige Aussagen über Zuwander_innen und Geflüchteten auf. Die Kolleg_innen untereinander haben ein gutes Verhältnis, viele von ihnen sind auch über Facebook miteinander verbunden. Das Arbeitsklima wird als angenehm empfunden. Als in der Nachbarschaft des Pflegestützpunktes eine Unterkunft für Geflüchtete eröffnet wird, postet die Kollegin hetzerische Artikel von rechtsextremen Seiten.

In diesem Fallbeispiel wird berichtet, wie notwendig es ist, Klient_innen und Kolleg_innen vor den rassistischen/rechtsextremen Positionen einer Kollegin zu schützen. Auffällig ist, dass sich in den Kampagnen gegen Geflüchtete und deren Unterbringung – online und offline – oftmals Frauen zu Wort melden und rassistische Hetze betreiben. Häufig inszenieren sie sich als „besorgte Mütter", die sich um ihre Kinder kümmern.

In dem beschriebenen Fallbeispiel ist es notwendig, dass die Leitung unmittelbar das Gespräch mit der Kollegin sucht. Hinterfragt werden sollte der Hintergrund dieses Postings. Stellt sich im Gespräch heraus, dass ein eindeutig rechtsextremer Hintergrund bei der Kollegin vorhanden ist – also eine Mitgliedschaft in einer rechtsextremen Organisation – ist es erforderlich, sich von der Kollegin zu trennen. Arbeitsverträge, in denen auf die menschenrechtliche Verortung der Profession und das demokratische Leitbild des Trägers verwiesen wird, können einen solchen Schritt juristisch absichern. Sollte es sich „nur" um Alltagsrassismus handeln, ist es auch hier erforderlich, die Kollegin darüber zu informieren, dass derartige Postings nicht erwünscht sind. Außerdem ist es wichtig, die Kollegin über mögliche Überschneidungen mit rechtsextremen Parteien und Organisationen aufzuklären. Im Gespräch muss eindeutig Stellung gegen eine rassistische Hetze und gegen rassistische Äußerungen bezogen und signalisiert werden, dass derartige Einstellungen keinen Platz in der Einrichtung haben. Außerdem sollte auf Teamebene über den Vorfall gesprochen und dieser zum Anlass genommen werden, sich über die demokratischen und menschenrechtsorientierten Werte der Arbeit, der Einrichtung und des Trägers zu verständigen und darüber in einen kontinuierlichen Austausch miteinander zu kommen.

2.3. Hochschulen, Universitäten, Fachschulen

Neben verschiedenen Handlungsfeldern Sozialer Arbeit – die wir zuvor beleuchtet haben – sind auch Einrichtungen der Ausbildung – Fachschulen, Fachhochschulen und Universitäten – herausgefordert, einen Umgang mit Erscheinungsformen heutigen Rechtsextremismus zu finden. Dabei äußert sich das Phänomen auf verschiedenen Ebenen und es bedarf je spezifischer Interventionsstrategien. Unsere Intention ist es zunächst, eine Debatte darüber anzuregen, wie die verschiedenen Gruppen, die innerhalb einer Ausbildungsinstitution verantwortlich sind – Lehrende, Studierende und in der Verwaltung Tätige – unterstützt, sensibilisiert werden können, das Phänomen an sich wahrzunehmen und – je fallbezogen –, wirksame Antworten zu entwickeln. Dazu gehört immer auch eine entsprechende Kultur der Kommunikation und des Umgangs mit Konflikten, förderlich kann das Aushandeln eines demokratischen Leitbildes als Grundlage der Zusammenarbeit aller Statusgruppen sein (s. u.).

Grundsätzlich gilt auch für den Bereich der Ausbildung: Alltagsrassismen und Abwertungen, die sich gegen vulnerable Gruppen richten, sind nicht beschränkt auf Personen, die ein rechtsextremes Weltbild bereits gefestigt vertreten. Sie werden – betrachtet man die Ergebnisse der Einstellungsforschung – von einer Vielzahl von Personen vertreten, unabhängig von Zugehörigkeiten und sozialem Status. Dementsprechend stehen Institutionen der Ausbildung – wie andere Bereiche auch – vor der Aufgabe, eine Auseinandersetzung mit diesen Äußerungen im Alltag zu führen und als selbstverständliche Intervention zu etablieren. Die Auseinandersetzung mit Studierenden, die sich rechtsextrem orientieren oder organisiert sind, stellt insofern nur die sogenannte Spitze des Eisberges da. Die zugrunde liegende Problematik besteht in alltäglichen diskriminierenden Einstellungen, die letztlich an rechtsextreme Ideologien und Propaganda anschlussfähig sind. Für uns ist vor allem der Umgang entscheidend, der den Schutz potenziell Betroffener von rechter Diskriminierung und Gewalt berücksichtigt und priorisiert.

Auch für den Bereich der Hochschule und Universität ist es unabdingbar, eine Unterscheidung vorzunehmen zwischen einerseits Personen, die sich momentan auf dem Weg der Hinwendung in eine Neonazi-Gruppierung befinden, sich sozusagen orientieren und in ihren Äußerungen irritierbar sind, und andererseits Personen, die ein rechtsextremes Weltbild im Sinne einer Überzeugung vertreten, möglicherweise geschult und Mitglied, Kader, Aktivist_in in einer entsprechenden Gruppierung sind. Hinsichtlich der Intervention sind hier aus pädagogischer Sicht durchaus Unterschiede zu machen und Fragestellungen zu berücksichtigen, die wir in diesem Kapitel thematisieren. Dabei wenden wir uns mit konkreten Fallgeschichten den Fragen eines Umgangs mit Kadern bzw. rechtsextrem Organisierten an Hochschule und Universität zu. Bevor wir uns mit diesen Fragen in der Praxis beschäftigen, fassen wir zunächst den Stand der Forschung zusammen.

Zum Stand der Forschung

Bereits 2007 verweisen Albert Scherr und Renate Bitzan auf das Problem rechtsextrem organisierter Personen, die Soziale Arbeit studieren. Ausgehend von bekannt gewordenen Fällen an Hochschulen und Universitäten rufen sie Lehrende, Studierende und Praktiker_innen auf, ihre Erfahrungen zum Thema mitzuteilen. Der Aufruf, veröffentlicht in der Zeitschrift „deutsche jugend" (9/2006), löst eine kontroverse Debatte aus. Die Rückmeldungen zeigen, dass „die angesprochene Problematik durchaus in einem begrenzten, aber relevanten Ausmaß existiere, es aber bislang vermieden werde, dieses offen zu thematisieren" (Scherr/Bitzan 2007: 9). Zudem wird deutlich, dass der Aufruf Abwehr gegenüber der Thematisierung evoziert, aber auch Reaktionen hervorruft, in denen die Autor_innen als „einschlägig bekannte Sympathisanten des Linksextremismus“ (ebd.: 8) und die Anfrage als ein „Aufruf zur Bespitzelung und Überwachung „anders Denkender“ (ebd.) bezeichnet wurden. Scherr und Bitzan kommen zu dem Schluss, dass bezüglich des Problems mit rechtsextrem organisierten Studierenden auf Grundlage der verfügbaren Informationen kein dringender Auseinandersetzungs- oder Handlungsbedarf an Hochschulen bestehe, eine curriculare Verankerung von menschenrechtsorientierten, antirassistischen und interkulturellen Angeboten jedoch vermehrt und verpflichtend vorangetrieben werden solle. Zudem sei es notwendig, zum Thema qualitativ zu forschen, entsprechende Entwicklungen zu beobachten und wirksame Interventionen zu entwickeln.

In einer Replik hinterfragt Peter Rieker die Notwendigkeit der initiierten Debatte kritisch und warnt vor Skandalisierung (2006: 34). Ein Defizit sieht er in einem Mangel an „Sensibilität im Bereich des interkulturellen Zusammenlebens“ (ebd.) an Hochschulen. In 2009 kommt der Autor zu einem ähnlichen Schluss: So bestehe „momentan kein Grund zur Besorgnis, da sowohl an den Hochschulen als auch in den Berufsfeldern Sozialer Arbeit rechtsextreme Tendenzen aufmerksam und kritisch beobachtet werden“ (2009: 249). Darüber hinausgehend versucht der Autor, das Vordringen rechtsextremer Kräfte in das Feld der Jugendarbeit einzuschätzen. Er verweist darauf, dass in einzelnen Fällen ein strategisches Vorgehen zu beobachten sei, z. B. im Versuch, die gesellschaftliche Akzeptanz rechter Kader zu erreichen oder nicht-rechte Jugendliche für entsprechende Angebote zu gewinnen. Gelingen – so sein Fazit – würde dies eher selten. Er warnt auch hier vor einer Skandalisierung des Problems und der Behauptung einer Zunahme.

Die Fachdebatte ist – auch wenn sie erkennbar kontrovers verläuft, – nach diesen Veröffentlichungen zunächst beendet. Übereinstimmend verweisen die beteiligten Autor_innen auf ein bestehendes Defizit im empirischen Wissen über das Phänomen und darauf, dass Hochschule im Umgang damit ihre Handlungsspielräume auszunutzen habe. Gleichzeitig zeigt sich an der Art und Weise der Debatte, insbesondere auch in den Antworten auf den von Scherr/ Bitzan veröffentlichten Aufruf, dass es sich um ein ideologisch umkämpftes Thema zu handeln scheint; eine Abwehr oder Infragestellung, deren Relevanz durchaus weit verbreitet ist. Vermuten lässt sich, dass diese unterschiedlichen Einschätzungen des Phänomens auch mit einer differenten Wahrnehmung im Zusammenhang stehen. So haben Praktiker_innen, Studierende und Lehrkräfte, die selbst von rechter Diskriminierung und Gewalt bedroht sein können, nachvollziehbarerweise eine sensibilisiertere Wahrnehmung, was nicht zwangsläufig mit einer Skandalisierung einhergehen muss, allerdings mit einem aufmerksameren Blick.

Kontinuierlich finden seit Anfang der 2000er Debatten an verschiedenen Ausbildungsinstitutionen statt, z. B. in Bielefeld, Kiel, Greifswald, Trier, Magdeburg und Hannover. Hintergrund ist das Bekanntwerden und Auftreten rechtsextremer Studierender. In den meisten Fällen handelt es sich um Studierende in den Fachbereichen Jura, Politikwissenschaft und Soziale Arbeit/soziale Berufe. In einigen Fällen waren diese Personen neben ihrem politischen Engagement in rechtsextremen Gruppierungen auch im Hochschulkontext aktiv (Hallama 2015: 38–43). 2014 erscheint ein Text von Dierk Borstel und Claudia Luzar, mit dem die fachliche Debatte über den Umgang mit Rechtsextremismus an Universitäten und Hochschulen wieder aufgenommen wird. Auslöser ist eine antifaschistische Aktion gegenüber einem Jura-Studenten, dessen rechtsextreme Aktivitäten vorab an der Universität durch Flyer bekannt gemacht wurden. Der Betreffende ist zu diesem Zeitpunkt Mitglied der Partei „Die Rechte" und war zuvor Mitglied der Kameradschaft „Nationaler Widerstand", einer militanten Organisation, die zu diesem Zeitpunkt bereits verboten ist. Borstel und Luzar weisen ihn als einen unauffälligen Studenten aus, der bisher durch politische Aktivitäten an der Uni nicht bekannt geworden sei. In ihrem Artikel kritisieren die Autor_innen die antifaschistische Aktion aus einer menschenrechtsorientierten Perspektive. Das Menschenrecht auf Bildung sehen sie für den betreffenden Studierenden bereits durch die Veröffentlichung der Flyer eingeschränkt. Sie plädieren für die Durchsetzung des Menschenrechts auf Bildung für alle, unabhängig davon, ob die Betreffenden selbst für Menschenrechte und Demokratie einstehen. Damit bringen sie einen neuen Aspekt in die Fachdebatte ein und diskutieren diesen im Spannungsverhältnis mit dem Schutz potenzieller Opfer rechtsextremer Gewalt. Sie fordern eine öffentliche, demokratische Debattenkultur an Hochschule und Universität. Bemerkenswert ist hierbei die Perspektivität, die die Autor_innen einnehmen. So beginnt der Artikel mit einer szenischen Beschreibung der antifaschistischen Aktion, die sich gegen den rechtsextremen Studierenden richtet: „Licht aus, Scheinwerfer an und der Spot auf einen jungen Studenten mitten im Hörsaal gerichtet." Auch im Weiteren dominiert eine Perspektive, mit der die Autor_innen die Situation des betreffenden Studierenden nachvollziehen. Die Perspektive potenziell Betroffener rechter Gewalt wird durchaus benannt, allerdings abstrakt, was eine Relativierung impliziert: So wird nahegelegt, dass es für potenziell Betroffene rechter Gewalt „besser" bzw. „sicherer" sei, nicht genau zu wissen, mit wem sie gemeinsam studieren. Zudem sei es so, dass „oft eine z. T. bereits latent vorhandene Angst" (dies: 2014: 3) durch diese Kenntnis erhöht würde. Im Weiteren argumentieren sie: „[...] in den vorliegenden Fällen ist nicht bekannt geworden, dass es zu konkreten Bedrohungen oder gar Übergriffen gekommen sei" (ebd.). Hierbei ist interessant, dass es den Autor_innen weniger um Transparenz und einen aufmerksamen Umgang mit Diskriminierung und Gewalt im Generellen zu gehen scheint. Vielmehr wird eine Art Geheimhaltung und Geheimwissen als geeignetere Option vorgestellt. Erkennbar wird eine paternalistische Haltung, mit der unbeachtet bleibt, dass auch Hochschulen Teil unserer Gesellschaft sind und somit davon auszugehen ist, dass Erfahrungen von Rassismus zum Alltag von vielen Studierenden gehören. Die Autor_innen fordern zusammenfassend, dass der Opferschutz an Institutionen sowie das Recht auf Bildung für alle und damit explizit auch für rechtsextreme Studierende gewährleistet sein muss. In Fällen besonders schwerer Verletzung der Menschenwürde plädieren sie für die Möglichkeit der Exmatrikulation. Um den Schutz von Opfern institutionell besser zu verankern, empfehlen sie die Einrichtung von unabhängigen Beschwerdestellen, wobei es ihnen um „menschenfeindliche Handlungen" (ebd.: 5) sowie um eine hochschulöffentliche Auseinandersetzung geht.

Blick in die Praxis

Auf den nächsten Seiten diskutieren wir exemplarisch vier Fallgeschichten, die wir aus Gründen des Schutzes der Persönlichkeitsrechte in unterschiedlichem Maße anonymisieren. Die Fallbeispiele berichten vom Umgang mit Studierenden, die als Kader oder rechtsextrem Organisierte bezeichnet werden können. Wir analysieren die Verläufe unter der Fragestellung, welche Handlungsoptionen aus demokratischer und menschenrechtsorientierter Perspektive möglich sind. Dabei setzen wir – wie bereits beschrieben – den Schutz potenzieller Opfer rechtsextremer Gewalt prioritär und nehmen dabei deren Perspektiven ein. Im Vergleich zu den anderen beschriebenen Praxisfeldern greifen wir auch auf zwei männliche Protagonisten zurück. Das tun wir deshalb, weil in beiden Fällen Spezifika des Umgangs mit dem Phänomen an Hochschulen Sozialer Arbeit verständlich werden. Unser Anliegen ist es, mit diesen Fallgeschichten eine Debatte über wirksame Handlungsoptionen an Ausbildungseinrichtungen zu eröffnen. Da hierzu bisher eine breite Fachdebatte noch aussteht und wenig empirisch abgesichertes Material vorliegt, thematisieren wir grundsätzliche Fragen für den Bereich Sozialer Arbeit und gehen daher auch partiell über die Kategorie Geschlecht hinaus. Zudem verwenden wir Informationen, die wir aus unserer Beratungsarbeit gewinnen konnten, ebenso entsprechend den Anforderungen des Persönlichkeitsrechtes. Wir beleuchten das Phänomen im Spannungsfeld zwischen dem Recht auf Bildung für alle und der Frage nach einem bestmöglichen Schutz für potenziell Betroffene rechter Gewalt.

Fallgeschichte 1

Maria F. hat eine Ausbildung zur ambulanten Pflegerin abgeschlossen. 2013 befindet sie sich im zweiten Semester in einer Ausbildung zur Sozialassistentin an einer Fachschule für Sozialwesen in Berlin Mitte. Zu diesem Zeitpunkt ist Maria F. in verschiedene neonazistische Strukturen eingebunden: Beisitzende im Bundesvorstand und Landesvorsitzende des Rings Nationaler Frauen, Mitglied des Landesvorstandes der NPD Berlin. Außerdem ist sie aktiv in Kampagnen gegen Geflüchtete. So tritt sie z. B. auf der Informationsveranstaltung zu einer Unterkunft für Geflüchtete in Berlin Hellersdorf im Juli 2013 als erste Rednerin ans Pult und nutzt dies für rassistische Hetze gegen Geflüchtete. Sie stellt sich als besorgte Mutter dar, der es um den Schutz „unserer Kinder" und der Zukunft „unseres Volkes" gehe. Auf ihrer Facebook-Seite veröffentlicht sie ein Foto von sich auf dem Mahnmal für die ermordeten Juden Europas, das als Infragestellung des Holocaust und als Verhöhnung der Opfer interpretiert werden kann.

Im Herbst 2013 informieren antifaschistische Gruppen den Schulleiter über die neonazistischen Aktivitäten von Maria F. (vgl. hier und im Folgenden Piotrowski 2013; Nath 2013; Hindemith 2013). Kurz darauf demonstrieren sie vor der Ausbildungseinrichtung. Der Schulleiter schließt aufgrund unvorhersehbarer Sicherheitsrisiken die Schule für diesen Tag. Interessierte Schüler_innen beklagen die fehlende Transparenz und eine ausgebliebene Auseinandersetzung. Informierte Journalist_innen wenden sich an die Institution, bekommen jedoch keine Auskunft. Zwei Monate später kündigen antifaschistische Gruppen wiederum eine Demonstration an, diesmal in Berlin Kreuzberg. Zu diesem Zeitpunkt ist unklar, ob eine mündlich ausgesprochene Aufhebung des Ausbildungsvertrages rechtlich haltbar ist. Im weiteren Verlauf bricht Maria F. im dritten Semester ihre Ausbildung ab. Sie begründet dies mit den Aktivitäten gegen ihre Person.

Mit dieser Fallgeschichte lassen sich spezifische institutionelle Umgangsweisen herausarbeiten. Ungeachtet der Tatsache, dass es sich bei Maria F. um eine exponierte Neonazi-Kaderfrau der Berliner Szene handelt, scheint sie damit in der Schule nicht erkennbar gewesen zu sein. Möglicherweise handelt es sich von ihrer Seite um ein strategisches Vorgehen. Wie bereits erwähnt, versuchen moderne Rechtsextreme sehr häufig im Außen mit ihren politischen Einstellungen unerkannt zu bleiben. Hierbei bedienen sich Neonazi-Frauen auch geschlechtsspezifischer Stereotype und versuchen, strategisch über die Rolle der „besorgten Mutter" und damit auch der „friedliebenden, unpolitischen Frau" mit ihrer Weltanschauung nicht aufzufallen. Darüber hinaus scheint eine Unsicherheit aufseiten der Institution bestanden zu haben, wie mit der Kenntnis über die neonazistischen Aktivitäten von Maria F. umzugehen sei. Das betrifft sowohl mangelnde Kenntnis über juristische Möglichkeiten und deren Grenzen als auch Unklarheiten in der Kommunikation nach innen und nach außen. In der Berichterstattung wird deutlich, dass einzelne Mitschüler_innen zu diesem Fall eine Diskussions- und Konfliktkultur an ihrer Schule vermissen.

Fallgeschichte 2

Bereits im Alter von 17 Jahren tritt Maria D. in die NPD ein und ist später Mitglied in deren Jugendorganisation. Seit 2011 studiert sie Politikwissenschaften an der Universität Freiburg. Im Juli 2012 weisen antifaschistische Gruppen an der Universität auf das rechtsextreme Engagement von Maria D. hin (hier und im Folgenden Gastautor_in 2013). Sie nimmt an Naziaufmärschen teil; unter dem Pseudonym „Serientäterin" hetzt sie im rechtsextremen Forum Thiazi.net antisemitisch und rassistisch. Als Motivation für ihr politikwissenschaftliches Studium gibt sie an, später die NPD beraten zu wollen. Sie ist Mitglied im Sportschützenverein. Mit dem Bekanntwerden der Aktivitäten von Maria D. setzt an der Universität ein Prozess der Auseinandersetzung ein. So positionieren sich die Fachschaft und der AStA positiv zur öffentlichen Thematisierung und fordern dazu auf, Rechtsextremismus entschieden entgegenzutreten. Daraufhin organisiert das politikwissenschaftliche Seminar eine Ringvorlesung zum Thema „Extremismus". Zwei Referentinnen werden ausgeladen, da ihre Forderung abgewiesen wird, in den Einladungen die Hausrechtsklausel[82] abzudrucken und somit sicherzustellen, dass potenziell teilnehmende Neonazis von der Vortragsveranstaltung ausgeschlossen werden können. Begründet wird dies u. a. damit, dass eine potenzielle Bedrohung für Besuchende der Veranstaltung nicht erkennbar sei, und darüber hinaus damit, dass ein Unbehagen gegenüber Ausschlüssen generell bestehe, da dies eine Praxis aus dem Nationalsozialismus sei. Infolgedessen veranstaltet die Fachschaft alternative Veranstaltungen. Generell äußern einzelne Lehrkräfte Unverständnis darüber, dass diesem Fall so viel Aufmerksamkeit gegeben werde, obwohl Alter und Geschlecht der Studierenden dagegen sprächen.

Dieser Fall bestätigt, dass es junge Frauen gibt, für die eine rechtsextreme Politisierung bereits in jungen Jahren eine wichtige Funktion übernehmen kann. Es ist unabdingbar, dass Lehrkräfte diesen Prozess wahr- und ernst nehmen und in eine Auseinandersetzung über die Einstellungen der Person treten. Weniger hilfreich ist es, wenn mit stereotypen Bildern über Jugendlichkeit und Geschlecht Rechtsextremismus verharmlost wird und unentdeckt bleibt. Bei Maria D. kommt hinzu, dass sie als Mitglied eines Sportschützenvereins Zugang zu Waffen hat. Das scheint in der Diskussion des Falles eine marginale Rolle gespielt zu haben, u. a. auch deshalb, weil es als Privatsache verstanden wird. Wie wir im Folgenden noch zeigen werden, ist diese Trennung zwischen privat und öffentlich im Umgang mit rechtsextremen Kadern gefährlich. Letztlich haben wir es mit Personen zu tun, die im Rahmen ihrer Volksgemeinschaftsideologie gegenüber ihren „Feindbildern" keine demokratischen oder

82 | Diese Klausel wurde von der Mobilen Beratung Berlin (MBR) entwickelt und eröffnet die juristisch abgesicherte Möglichkeit, rechtsextreme Personen von einer öffentlichen Veranstaltung auszuschließen.

menschenrechtlichen Standards gelten lassen; verweisen möchten wir auf die Analysen von Ulrich Overdieck, die wir in Kapitel 2.1.1. vorgestellt haben.

Die Auseinandersetzung an der Universität scheint kontrovers zu verlaufen. Deutlich wird eine Unkenntnis über rechtsextreme Lebenswelten und eine partielle Abwehr, sich damit auseinanderzusetzen. Die Tatsache, dass für Neonazis Gewalt ein immanenter und legitimer Bestandteil des Alltags ist, wird hier ausgeblendet. Damit wird die Perspektive von potenziell Betroffenen rechter Gewalt negiert. Zudem scheint diese Position mit einem Unterschätzen der geschulten Argumentation von Neonazis in Gruppenkontexten einherzugehen. Aus jahrelangen Erfahrungen von Expert_innen der Rechtsextremismusprävention weiß man, wie schwierig es sein kann, einer eingeübten Wortergreifungsstrategie gewachsen zu sein bzw. zu verhindern, dass demokratische Veranstaltungen von Neonazis instrumentalisiert werden. Damit ist nicht gemeint, diesen Auseinandersetzungen grundsätzlich aus dem Weg zu gehen. Vielmehr geht es darum, solche öffentlichen Veranstaltungen gut vorzubereiten und Expert_innen einzubinden. Das Recht auf freie Meinungsäußerung sollte nicht damit verwechselt werden, rechtsextremer, menschenfeindlicher Propaganda eine Plattform zu bieten.

Fallgeschichte 3

Sören B. studiert im Jahr 2004 an der Fachhochschule Frankfurt am Main Sozialpädagogik und steht kurz vor Abschluss seines Diploms (vgl. hierzu und im Folgenden Platen 2005). Während seines fünfjährigen Studiums ist er nicht aufgefallen. Dies ändert sich, als Studierende auf seine Aktivitäten in der militanten rechtsextremen Szene mit einem anonymen Flugblatt aufmerksam machen. Demnach ist Sören B. Mitglied der „Schwarzen Division", mit der er auf vielen Aufmärschen wie z. B. dem „Rudolf-Hess-Gedenkmarsch" 2004 in Wunsiedel fotografiert wird. Nach der Veröffentlichung der Aktivitäten des zweifachen Familienvaters kritisiert der AStA dieses Vorgehen scharf und bezeichnet es als „autonomen Verfassungsschutz" (ebd.: o. S.). In der Begründung verweist der AStA darauf, dass die Anwesenheit von Neonazis an Hessischen Hochschulen nichts Besonderes sei und dieser Fall früher hätte bekannt werden müssen. In der Folge wird das Flugblatt aus dem Foyer der Hochschule entfernt; es wird ein Pflichtmodul „Nationalsozialismus und Neofaschismus" eingeführt; zudem gründen sich Arbeitsgruppen, in denen Studierende und Lehrende über einen Umgang mit Sören B. diskutieren. Es stellt sich heraus, dass es durchaus Anzeichen für dessen Ideologie im Vorfeld gegeben habe. Sowohl in Seminaren als auch im Praktikum sei aufgefallen, „wes Geistes Kind der angehende Sozialarbeiter sei" (ebd.: o. S.) und dass er Tätowierungen wie die „Schwarze Sonne" als auch „Arier" habe. Des Weiteren zeichnet sich in den Arbeitsgruppen ab, dass die Frage nach dem Umgang mit

Sören B. sehr unterschiedlich eingeschätzt wird. Einige fordern die sofortige Exmatrikulation, andere verweisen darauf, dass er „‚Freizeit-Neonazi [sei], Beruf und Privat' sauber getrennt" (ebd.: o. S.) habe. Zudem wird darauf verwiesen, dass „auch Nazis ein Recht auf Bildung [hätten] und nicht ausgegrenzt werden [dürften]" (ebd.: o. S.). Der Betreuer der Diplomarbeit weigert sich, die abschließende Prüfung abzunehmen: Er sei befangen, weil Sören B. ihm gegenüber die SS-Vergangenheit seines Vaters und Großvaters verherrlicht habe. Die Vizepräsidentin der Fachhochschule erklärt, dass der Student einen rechtlichen Anspruch auf die Abnahme der Prüfung habe. Wenn sich niemand freiwillig bereit erklärt, muss ein_e externe_r Prüfer_in hinzugezogen werden.

Auch in diesem Fall zeigt sich, dass Studierende mit ihrem rechtsextremen Engagement und ihren Einstellungen über einen durchaus längeren Zeitraum unerkannt bleiben können. Wiederum kann vermutet werden, dass es sich um ein strategisches Vorgehen handelt und versucht wird, gerade nicht aufzufallen. Dies heißt, dass es einer besonderen Aufmerksamkeit bedarf, um erste Anzeichen und Hinweise frühzeitig zu erkennen und bereits hier eine inhaltliche Auseinandersetzung mit der betreffenden Person und ihren Einstellungen zu suchen.

Zudem ist erkennbar, dass infolge der Bekanntmachung der rechtsextremen Aktivitäten Sören B.'s mehrere Interventionen innerhalb der Institution beginnen. Die hochschulöffentliche Diskussion und Auseinandersetzung führt zu einer Positionierung und auch längerfristigen Thematisierung wie der Einführung eines Pflichtmoduls. Vermutet werden kann, dass hiermit eine sensibilisierte Wahrnehmung gegenüber dem Problem beginnt und auch fortdauernd vorhanden ist. An diesem Beispiel ist nachvollziehbar, dass eine öffentliche Thematisierung – von intern oder extern vorgenommen – durchaus zu einem konstruktiven Prozess innerhalb der Ausbildungsinstitution beitragen kann, an dem sich unterschiedliche Statusgruppen beteiligen. Gerade im Vergleich mit anderen Fällen wird deutlich, wie wichtig es ist, das Problem zu benennen; wenn nötig auch durch „Unbeteiligte" von außen. Anders gesagt: Das Problem sind nicht antifaschistische Veröffentlichungen an sich. Vielmehr ist es notwendig, das Problem wahrzunehmen, anzuerkennen und auf dieser Basis Interventionsstrategien zu entwickeln.

Insbesondere lässt sich an diesem Fall diskutieren, welche Konsequenzen eine späte Thematisierung haben kann. Die Hochschule ist juristisch verpflichtet, dem Studierenden seinen Abschluss zu ermöglichen. Damit wird eine Person in die Praxis entlassen, die mit ihrer rechtsextremen Ideologie menschenrechtlichen Standards diametral entgegensteht. Unabhängig davon, in welchem Praxisfeld er tätig wird, steht infrage, inwiefern dem Code of Ethics Sozialer Arbeit entsprochen werden kann.

Fallgeschichte 4

Svante K. absolvierte an einer beruflichen Schule in Kiel eine Ausbildung zum Sozialassistenten. Dort werden 2009 seine neonazistischen Aktivitäten mit einem öffentlichen Flyer bekannt gemacht. 2014 studiert er Soziale Arbeit an der Fachhochschule. Antifaschistische Gruppen klären auch hier über sein Engagement in Kameradschaften und bei den Autonomen Nationalisten öffentlich auf. Svante K. ist zudem im „Nationalen Bildungskreis" der NPD-Jugendorganisation aktiv, er veröffentlicht Texte u. a. über die Notwendigkeit traditioneller Männlichkeit in Erziehungsberufen. Der Fachbereich Soziale Arbeit der Hochschule organisiert eine Ringvorlesung zum Thema „Reality strikes back – Rechtsextremismus und Soziale Arbeit" und lässt sich extern beraten. In der Beratung zeigt sich eine Besonderheit im Umgang mit solchen Situationen für Studiengänge Sozialer Arbeit: So verweisen Hochschullehrende darauf, dass Seminare Sozialer Arbeit oft mit einem Anteil an Selbsterfahrung und/oder biografischer Reflexion der Teilnehmenden einhergeht. Dafür ist ein Grundkonsens unabdingbar, der auf Vertrauen, demokratischen und menschenrechtlichen Standards basiert. Wenn also z. B. konkrete Rassismuserfahrungen berichtet werden, ist die Anwesenheit einer Person mit Kontakten in die militante rechtsextreme Szene und entsprechenden Einstellungen eine Zumutung. Zudem besteht das Problem, dass in vertrauensvollen Seminarkontexten Personen, die aufgrund eigener Zugehörigkeiten als Feindbild extremer Rechter gelten, in Gefahr geraten können. Der Fachschaftsrat veröffentlicht zwei Monate nach Bekanntwerden der Aktivitäten von Svante K. ein Positionspapier. In diesem bekennen sich die Autor_innen zu demokratischen und menschenrechtlichen Prinzipien und sprechen sich gegen jede Form menschenverachtender Ideologien aus. Svante K. studiert weiterhin an der Fachhochschule.

Auch bei Svantje K. handelt es sich um eine Person, die seit Jahren kontinuierlich in der Neonazi-Szene aktiv zu sein scheint. Er stellt sich in seinen Veröffentlichungen als rechtsextremer Vordenker dar, der sein spezifisches Wissen in entsprechende Propaganda einfließen lässt. Zeichen hierfür ist auch sein Engagement im „nationalen Bildungskreis" der Jugendorganisation der NPD.

Mit dem Bekanntwerden der rechtsextremen Aktivitäten von Svante K. beginnt eine Auseinandersetzung über den Umgang mit rechtsextrem Organisierten an der Hochschule. Es zeigt sich, dass Lehrkräfte sich der Besonderheit der Seminarformate im Fachbereich Sozialer Arbeit bewusst sind bzw. eine mögliche Betroffenheit von Personen, die zu den Feindbildern innerhalb rechtsextremer Ideologie gelten, registrieren. Die beschriebenen Seminarformate mit Anteilen von Selbsterfahrung und biografischem Arbeiten setzen einen vertrauensvollen, menschenrechtsorientierten Konsens voraus. Ebenso muss sichergestellt sein, dass vulnerable Gruppen und Personen dementsprechend einen besonderen Schutz genießen. Diesen Schutz gilt es einzufordern und über das Aushandeln eines Seminarkonsens zu garantieren. Das kann im konkreten Fall heißen, dass sich Studierende gegen die Teilnahme einer Person, die in rechtsextremen Gruppen organisiert ist, aussprechen und dies mit dem Personenschutz begründen. Die Lehrenden stehen hier in der Verantwortung, das Spannungsverhältnis zwischen dem Recht auf Bildung für alle und dem Schutz potenzieller Betroffener auszutarieren. Aus unserer Sicht ist es in solchen Situationen unabdingbar, Personen, die begründet auf ihren besonderen Schutz hinweisen, zu priorisieren. Das kann in der konkreten Praxis bedeuten, dass der/die rechtsextreme Studierende eine Einzelstudienleistung ablegen darf.

Fazit

Abschließend möchten wir zentrale Punkte zusammenfassen. Die diskutierten Fallgeschichten sowie weitere Fälle aus der Praxis belegen, dass Studierende, die als Kader oder Organisierte in rechtsextremen Gruppen aktiv sind, in vielen Fällen hiermit unerkannt bleiben. In Fällen, in denen wir es mit rechtsextremen Frauen zu tun haben, zeigt sich, dass das Phänomen der doppelten Unsichtbarkeit (s.o.) greift und von daher eine besonders geschärfte Wahrnehmung unverzichtbar wird. Ein frühzeitiges Erkennen rechtsextremer Einstellungen kann – das dokumentieren die Analysen – ermöglichen, erfolgreiche Interventionsstrategien zu entwickeln. Dabei präferieren wir nicht einen kategorischen Ausschluss rechtsextremer Studierender aus Universitäten und Hochschulen. Es ist vor allem wichtig, einen angemessenen Umgang mit dem Dilemmata zu finden, das sich aus dem Recht auf Bildung einerseits und dem Opferschutz andererseits ergibt. Hierbei plädieren wir für eine Priorisierung des Opferschutzes. Fallübergreifend erweist sich, dass eine Transparenz und Offenheit über die rechtsextremen Aktivitäten der betreffenden Personen in der Hochschulöffentlichkeit unabdingbar ist, um eine Sicherheit vulnerabler Gruppen zu gewährleisten. Neben einer sensibilisierten Wahrnehmung des Phänomens ist uns an der Stärkung einer demokratischen Debatten- und Konfliktkultur gelegen. Mit den Veröffentlichungen der rechtsextremen Aktivitäten an den Bildungsinstitutionen beginnen konstruktive Prozesse der Auseinandersetzung. Dadurch werden die verschiedenen Perspektiven von Betroffenheit überhaupt sichtbar und eine Konfliktbearbeitung möglich. Insofern ist das Problem von Hochschule nicht das Agieren antifaschistischer Gruppen bzw. deren sogenannte „Outings“. Das Problem liegt vorwiegend in den Anschlussfähigkeiten rechtsextremer Ideologien an weit verbreitete Einstellungen der sogenannten Mitte und einem damit einhergehenden Unsichtbar-Machen rechter Positionen.

Umgang mit rechtsextremen Kadern und Mitläufer_innen

Wie eingangs des Kapitels beschrieben muss zwischen organisierten Kadern der rechtsextremen Szenen und Mitläufer_innen unterschieden werden. Personen, die sich momentan in Neonazi-Gruppen hinein orientieren bzw. hinwenden, sind oft durch persönliche Ansprache, inhaltliche Irritationen und pädagogische Interventionen erreichbar. So ist es durchaus Aufgabe von Lehrkräften sowie Studierenden, Personen in Richtung Abwendung oder Ausstieg aus diesen Szenen zu motivieren oder zu unterstützen. Dafür ist eine wertschätzende, die Person ernst nehmende Haltung, die inhaltliche konträre Positionen nachvollziehbar und verlässlich einnimmt. Demgegenüber sind Kader für pädagogische Maßnahmen in Seminarkontexten kaum erreichbar. Sie versuchen in der Regel ihre Ideologie zu vermitteln und neue Sympathisant_innen zu gewinnen. Dessen sollten sich Lehrkräfte und Studierende bewusst sein. Grundsätzlich ist es notwendig, auch an Ausbildungsinstitutionen eine Haltung zu etablieren, die eine selbstverständliche Thematisierung diskriminierender, alltagsrassistischer Äußerungen sicherstellt. Hilfreich hierfür kann die Einrichtung von unabhängigen Beschwerde- und Monitoringstellen sein, an die sich Betroffene wenden können, eine Thematisierung einfordern und Unterstützung erhalten.

Demokratisches Leitbild für Hochschulen und Universitäten

Ähnlich wie an anderen Institutionen auch – kann die Aushandlung eines demokratischen Leitbildes an Bildungsinstitutionen sehr wesentlich für die Auseinandersetzung mit Rechtsextremismus sein. Wichtig ist, dass es sich um einen partizipativen Prozess handelt, in den alle Statusgruppen eingebunden sind. Dementsprechend geht es nicht darum, ein Papier – wie eine Hausordnung aufzuhängen – und Rechtsextremismus zu verbieten. Im Zentrum steht vielmehr die Frage, welche Art und Weise des Miteinanders gepflegt werden soll. Hierfür ist es unabdingbar, genau zu beschreiben, wie verschiedene Diskriminierungsformen gesellschaftlich verankert sind und auch sprachlich entstehen. So sollte geklärt werden, was eine antisemitische Aussage ausmacht, wo Sexismus beginnt, welche Rolle Homo- und Transsexuellenfeindlichkeit im Alltag spielt und wie unsere Gesellschaft von Rassismus geprägt ist.

3. Fazit

In diesem Buch sind wir der Frage nachgegangen, wie rechtsextreme Frauen in der Sozialen Arbeit wahrgenommen werden. Dabei liegt ein sozialwissenschaftlicher Begriff von Rechtsextremismus zugrunde, der über die Konstruktion von Extremismus und dem damit verbundenen Alltagsverständnis eines Phänomens hinausgeht, das vermeintlich an den Rändern von Gesellschaft existiert. Dementsprechend haben wir den Fokus auf rechtsextreme Frauen gelegt, um an diesem Beispiel wie unter einem Brennglas zu betrachten, wie stereotype Weiblichkeitsvorstellungen grundsätzlich wirken können. Stereotype Bilder über Frauen als „friedfertig", „fürsorglich" und „unpolitisch" verstellen – so bestätigen unsere Analysen – einen differenzierten Blick auf Einstellungen und Handlungsweisen, die diesen Bildern vermeintlich widersprechen. Neben der Fokussierung auf Soziale Arbeit lassen sich hier Mechanismen herausarbeiten, die auch in der Gegenwart dem gesellschaftlichen Alltag strukturierend innewohnen.

Wahrnehmung wird in diesem Buch als etwas verstanden, das im Sinne des Habituskonzeptes das Handeln im Alltag vorstrukturiert. Die Art und Weise, wie Orientierungen, Einstellungen und Handlungen von Menschen generell – in diesem Falle von rechtsextremen Frauen und Mädchen –wahrgenommen werden, beeinflusst oder prägt Wege des Umgangs bzw. der Intervention mit ihnen. Im Buch zeigen wir dies anhand verschiedener Beispiele aus der Praxis.

Welche möglichen Folgen eine eingeschränkte bzw. von Stereotypen geleitete Wahrnehmung gegenüber rechtsextremen Frauen in der Sozialen Arbeit haben kann, wird im Buch u.a. am Beispiel des Umgangs mit Beate Zschäpe – angeklagt u. a. der Mittäterschaft an zehn Morden und der Mitgliedschaft in einer rechtsterroristischen Vereinigung – analysiert und besonders deutlich. Sie wurde als Adressatin in der offenen Jugendarbeit mit ihren – durchaus bekannten bzw. explizit geäußerten – rassistischen Einstellungen und gewalttätigen Handlungen auf die Rolle der „Freundin von..." reduziert und galt als „nettes Mädel". Dieser eingeschränkte Blick ist mit sexistischen und sexualisierenden Zuschreibungen verbunden und geht mit einer Entpolitisierung einher. Im Buch stellen wir heraus, dass es sich hierbei nicht um einen Einzelfall handelt, vielmehr basieren solcherart reduzierende Konstruktionen auf dem Prinzip der „doppelten Unsichtbarkeit". So werden Frauen und Mädchen oft – gesamtgesellschaftlich und – hier am Beispiel der offenen Jugendarbeit verdeutlicht – stereotyp als „friedlich" und „politisch desinteressiert" beschrieben. Wenn es sich um rechtsextreme Frauen/Mädchen handelt, werden deren Einstellungen und Handlungen als solche noch weniger wahrgenommen und analysiert, da Rechtsextremismus nach wie vor häufig als gewalttätig und männlich konnotiertes Phänomen gilt.

Der eingeschränkte Blick auf rechtsextreme Frauen stellt kein neues Phänomen dar. Die Analysen über den Umgang von Polizei, Justiz und Medien mit Rechtsterroristinnen ab den 1970er Jahren in Westdeutschland veranschaulichen beispielhaft, inwiefern Mittäterschaft_innenschaft von Frauen übersehen, ausgeblendet und unterschätzt wurde. Grundsätzlicher wird dieses Phänomen im Buch anhand der Auseinandersetzung mit Tätigkeiten von Fürsorgerinnen im Nationalsozialismus beleuchtet. Fürsorgerinnen waren an der Kategorisierung sogenannter „Asozialer“ und „Minderwertiger“ beteiligt. Damit sind sie mitverantwortlich für die Ausgrenzung dieser Menschen aus der Gesellschaft, die bis hin zu deren Ermordung führen konnte. Wir zeigen, dass nach 1945 Fürsorgerinnen ihre beruflichen Karrieren fortsetzen konnten, ohne dass ihre Tätigkeiten im Nationalsozialismus infrage gestellt wurden. Eine kritische Auseinandersetzung mit der Rolle Sozialer Arbeit innerhalb des sozialrassistischen Wohlfahrtssystems des Nationalsozialismus beginnt jedoch erst Mitte der 1980er Jahre. Wir fokussieren, dass die Tätigkeiten der Fürsorgerinnen als „helfend“ und „versorgend-mütterlich“ gesehen wurden. Hierbei werden die sozialrassistische Einstellungen und Handlungen dieser Frauen ausgeblendet und als unpolitisch gezeichnet. Die individuellen Handlungen der Fürsorgerinnen repräsentieren dabei auch die strukturelle Bedingtheit der damaligen Wohlfahrts- und Sozialpolitik und deren Institutionen.

Die meisten Gruppierungen der Ersten Frauenbewegung in Deutschland setzten das Konzept der „geistigen Mütterlichkeit“ politisch-strategisch ein, um Forderungen nach Zugang von Frauen zu qualifizierter Erwerbstätigkeit zu legitimieren und ihnen Nachdruck zu verleihen. Dabei ist ihnen nicht zu unterstellen, dass sie sozialdarwinistische, menschenverachtende Praxen befördern wollten. Vielmehr ergeben die Analysen, dass die mit dem Konzept der „geistigen Mütterlichkeit“ einhergehende Entpolitisierung und Festschreibung als „helfendem Frauenberuf“ mit dazu beigetragen haben, dass fürsorgende Tätigkeiten im Nationalsozialismus weiterhin als ausschließlich „helfend“ wahrgenommen wurden.

Im Buch haben wir uns mit verschiedenen Handlungsfeldern in der Gegenwart Sozialer Arbeit auseinandergesetzt. Anhand von Fallbeispielen wurde ersichtlich, dass rechtsextreme Frauen strategisch in die verschiedenen Bereiche vordringen, wobei sie auch vom Prinzip der doppelten Unsichtbarkeit profitieren. Sie tun dies als Adressatinnen, ehrenamtliche Helferinnen, aber auch als ausgebildete Fachkräfte. Dementsprechend plädieren wir für eine sensibilisierte Wahrnehmung dieses Phänomens in Disziplin und Profession und einer Reflexion der von uns benannten Stereotype. Das betrifft den Bereich der

Fort- und Weiterbildung wie auch der grundständigen akademischen Ausbildung. Zudem wird deutlich, dass für verschiedene Handlungsfelder empirisch fundierte Studien noch ausstehen. Bestehende Handlungsunsicherheiten in der Praxis könnten auf diesem Wege thematisiert werden. Zudem halten wir es für unabdingbar, dass ein geschlechterreflektierender Blick als Querschnitt in die Bereiche Sozialer Arbeit nachhaltig implementiert werden sollte.

Literaturverzeichnis

AK geschlechterreflektierende Rechtsextremismusprävention (2013): Stellungnahme: Warum sowohl eine mangelnde Distanz zur rechtsextremen Szene als auch eine unkritische Ausübung hypermaskuliner Sportpraxen den Anforderungen an pädagogisches Handeln zuwiderläuft. Zum Umgang mit dem Cottbuser Kickbox-Europameister Mario Schulze und seiner Tätigkeit für Manne e.V., http//www.gender-und-rechtsextremismus.de/w/files/pdfs/stellungnahme-ak-geschlechterreflektierende-rechtsextremismusprävention-06_2013.pdf, zuletzt aufgerufen: 9.4.2016.

AK geschlechterreflektierende Rechtsextremismusprävention (2014): Fachliche Standards in der geschlechterreflektierenden Rechtsextremismusprävention, http//www.gender-und-rechtsextremismus.de/w/files/pdfs/fachstelle/positionspapier-ak-geschlechterreflektierende-rechtsextremismusprävention.pdf, zuletzt aufgerufen: 9.4.2016.

Aland, Kurt (Hg.) (1954): Die Werke Martin Luthers in neuer Auswahl für die Gegenwart. Bd. 7 Der Christ in der Welt, Berlin.

Allan, Ann Taylor (2000): Feminismus und Mütterlichkeit in Deutschland 1800–1914, Weinheim.

Amadeu Antonio Stiftung (2010): „Das hat's bei uns nicht gegeben!" Antisemitismus in der DDR. Das Buch zur Ausstellung der Amadeu Antonio Stiftung, Berlin.

Amadeu Antonio Stiftung (2012): Germany after 1945: A society confronts Antisemitism, Racism and Neo-Nazism. An exhibition by Amadeu Antonio Foundation (catalog), Berlin.

Amadeu Antonio Stiftung (2014): Völkische Siedler/innen im ländlichen Raum. Basiswissen und Handlungsstrategien, Berlin.

Amthor, Ralph C. (2015): Zu Widerstand und Verfolgung in der Sozialen Arbeit, in: Zeitschrift für Sozialpädagogik, 3/2015, S. 259–284.

Annerl, Charlotte (1997): Friedfertige Frauen? Zur Frage eines kriegskritischen Potentials moderner Weiblichkeit, in: Wiener Philosophinnen Club (Hg.): Krieg/War. Eine philosophische Auseinandersetzung aus feministischer Sicht, München, S. 219–228.

Anonym (1981): Terror von rechts, in: DER SPIEGEL 44/1981, S. 27–29, online unter: www.spiegel.de/spiegel/print/d-14340690.html, zuletzt aufgerufen: 16.2.2014.

Anonym 1982: Lebende Zeitbomben, in: DER SPIEGEL 27/1982, S. 32–35, online unter: www.spiegel.de/spiegel/print/d-14346863.html, zuletzt aufgerufen 16.2.2014.

Antifaschistisches Frauennetzwerk, Forschungsnetzwerk Frauen und Rechtsextremismus (2005): Braune Schwestern? Feministische Analysen zu Frauen in der extremen Rechten, Münster.
apabiz, antifaschistisches pressearchiv und bildungszentrum berlin e. V. (2005): Volkssozialistische Bewegung Deutschlands/Partei der Arbeit (VSBD/PdA), www.apabiz.de/archiv/material/Profile/VSBD.htm, zuletzt aufgerufen: 16.2.2014.
Ayas, Wolfgang (1995): „Asoziale" im Nationalsozialismus, Stuttgart.
Baader, Meike (2008): „Seid realistisch verlangt das Unmögliche.!" Wie 1968 die Pädagogik bewegte, Weinheim/Basel.
Behn, Sabine (1995): Mädchenarbeit und geschlechtsspezifische Arbeit im Aktionsprogramm gegen Aggression und Gewalt (AgAG), in: Engel, Monika/Menke, Barbara (Hg.): Weibliche Lebenswelten – gewaltlos? Analysen und Praxisbeiträge für die Mädchen- und Frauenarbeit im Bereich Rechtsextremismus, Rassismus, Gewalt, Münster, S. 163–169.
Berger, Manfred (1998): Bamberger, Elisabeth, in: Maier, Hugo (Hg.): Who is who der Sozialen Arbeit, Freiburg im Breisgau, S. 55–57.
Birsl, Ursula (2011): Rechtsextremismus und Gender, in: dies. (Hg.): Rechtsextremismus und Gender, Opladen/Farmington Hills 2011, S. 11–28.
Birsl, Ursula (Hg.) (2011): Rechtsextremismus und Gender, Opladen.
Bitzan, Renate (Hg.) (1997): Rechte Frauen. Skingirls, Walküren und feine Damen, Berlin.
Bock, Gisela (1986): Zwangssterilisationen im Nationalsozialismus, Opladen.
Boehnisch, Lothar/Fritz, Karsten/Seifert, Thomas (Hg.) (1997): Die wissenschaftliche Begleitung. Ergebnisse und Perspektiven, Band 2 der Reihe: Das „Aktionsprogramm gegen Aggression und Gewalt", Münster.
Bohn, Irina/Münchmeier, Richard (1997): Dokumentation des Modellprojekts, Band I der Reihe: Das „Aktionsprogramm gegen Aggression und Gewalt", Münster.
Borstel, Dierk/Luzar, Claudia (2014): Wie rechtsextrem sind Azubis, Schüler und Studenten?, in: IG Metall/Verdi (Hg.): online-Zeitschrift DENK-dochMAL, S. 1–5. http//denk-doch-mal.de/wp/dierk-borstel-claudia-luzar-umgang-mit-rechtsextrem-studierenden-an-hochschulen, zuletzt aufgerufen: 26.2.2016.
Bourdieu, Pierre (2005): Die männliche Herrschaft, Frankfurt am Main.
Braches-Chyrek, Rita (2013): Jane Addams, Mary Richmond und Alice Salomon. Professionalisierung und Disziplinbildung Sozialer Arbeit, Opladen/Berlin/Toronto.
Brunner, Claudia (2000): „Fürsorgeausnützer werden ausgemerzt". Die Sozialpolitik des Müncheners Wohlfahrtsamts am Ende der Weimarer Republik und in der frühen NS-Zeit, in: Beiträge zur Geschichte des Nationalsozialismus. Durchschnittstäter, Handeln und Motivation, Bd. 16, S. 53–72.

Buderus, Andreas/Dembowski, Gerd/Scheidle, Jürgen (2001): Das zerbrochene Fenster. Hools und Nazi-Skins zwischen Gewalt, Repression, Konsumterror und Sozialfeuerwehr, Köln.

Burgschat, Mareike/Gantz, Marika/Hilbert, Jörg (2015): Neue Vorwürfe im „Friesenhof"-Skandal. http://www.ndr.de/nachrichten/schleswig-holstein/Neue-Vorwuerfe-im-Friesenhof-Skandal,friesenhof114.html, zuletzt aufgerufen: 10.3.2016.

Claus, Robert/Lehnert, Esther/Müller, Yves (Hg.) (2010): Einleitung, in: dies (Hg.): „Was ein rechter Mann ist…". Männlichkeiten im Rechtsextremismus, Berlin, S. 9–24.

Claus, Robert/Müller, Yves (2010): Männliche Homosexualität und Homophobie im Neonazismus, in: Claus, Robert/Müller, Yves/Lehnert, Esther (Hg.): „Was ein rechter Mann ist..." Männlichkeiten im Rechtsextremismus, Berlin, S. 109–126.

Connell, Robert W. (1999): Der gemachte Mann, Opladen

Cremers, Michael/Krabel, Jens (2015): Männliche Fachkräfte in Kindertagesstätten. Eine Studie zur Situation von Männern in Kindertagesstätten und in der Ausbildung zum Erzieher, Berlin.

Debus, Katharina/Laumann, Vivien (2014): Rechtsextremismus, Prävention und Geschlecht. Vielfalt_Macht_Pädagogik, in: Hans-Böckler-Stiftung (Hg.): Arbeitspapier 302, Düsseldorf.

Degele, Nina/Winker, Gabriele (2007): Intersektionalität als Mehrebenenanalyse. http://www.portal-intersektionalität.de, zuletzt aufgerufen: 30.3.2016.

Deutscher Bundestag (2006): Antwort der Bundesregierung – Verstärktes Engagement von Rechtsextremen in Jugendhilfe, Jugendarbeit und Sozialarbeit. Drucksache 16/2816. http://dip21.bundestag.de/dip21/btd/16/028/1602816.pdf, zuletzt aufgerufen: 31.3.2013.

Deutscher Bundestag (2013a): Beschlussempfehlung und Bericht des 2. Untersuchungsausschuss nach Artikel 44 des Grundgesetzes. Drucksache 17/14600. http//www.bundestag.de/bundestag/ausschuesse17/ua/2untersuchungsausschuss/vorl_ufer_bericht/vorl_ufiger_bericht.pdf, zuletzt aufgerufen: 31.3.2016.

Deutscher Bundestag (2013b): Antwort der Bundesregierung – Rechtsextremismus im ländlichen Raum. Drucksache 17/14635.http://dip21.bundestag.de/dip21/btd/17/146/1714635.pdf, zuletzt aufgerufen 31.3.2016.

Dornbusch, Christian/Raabe, Jan (Hg.) (2002): RechtsRock. Bestandsaufnahmen und Gegenstrategien, Hamburg/Münster.

Dünkel, Barbara (2001): Frauen in der Sozialen Arbeit in Hamburg zwischen 1929 und 1945: Ausbildung, Beruf, Biographie, in: Dünkel, Barbara/Fesel, Verena (Hg.): Wohlfahrtspflege – Volkspflege – Fürsorge. Regionale und überregionale Forschungsergebnisse der Sozialen Arbeit zwischen 1920 und 1970, Münster, S. 7–26.

Ebbinghaus, Angelika (Hg.) (1987): Opfer und Täterinnen. Frauenbiographien des Nationalsozialismus, Nördlingen.

Engelke, Ernst/Borrmann, Stefan/Spatschek, Christian (2008): Theorien der Sozialen Arbeit, Freiburg im Breisgau.
Fachstelle Gender und Rechtsextremismus/Amadeu Antonio Stiftung (o. J.): Rechte Frauen übersehen und unterschätzt. Analysen und Handlungsstrategien, Berlin.
Feustel, Adriane (Hg.) (2004): Alice Salomon. Frauenemanzipation und soziale Verantwortung. Ausgewählte Schriften in drei Bänden. Bd. 3: 1919-1948, Neuwied/Kriftel/Berlin.
Feustel, Susanne (2014): Von der „Glatzenpflege auf Staatskosten" zur Deradikalisierung als Konzept?, in: Kulturbüro Sachsen (Hg): Politische Jugendarbeit vom Kopf auf die Füße. Zum anwaltschaftlichen Arbeiten mit menschenrechtsorientierten Jugendlichen im ländlichen Raum, Dresden, S. 67–79.
Forschungsnetzwerk Frauen und Rechtsextremismus (2011): Offener Brief des Forschungsnetzwerks Frauen und Rechtsextremismus zur Berichterstattung über die Rechtsextremistin Beate Zschäpe. Und warum ist das Interessanteste an einer militanten Rechtsextremistin ihr Liebesleben? http//www.frauen-und-rechtsextremismus.de/cms/images/medienarbeit/offener-brief-2011-11-15.pdf, zuletzt aufgerufen: 17.2.2014.
Frauen gegen Antisemitismus (1993): Der Nationalsozialismus als Extremform des Patriarchats. Zur Leugnung der Täterschaft von Frauen und zur Tabuisierung des Antisemitismus in der Auseinandersetzung mit dem NS, in: Beiträge zur feministischen Theorie und Praxis 1993 Heft: 35 Band: 16, S. 77-89
Frenzel, Verena (2011): Die dritte Seite: Ahnungen, Warnungen // Er hörte die Nazisprüche – und wusste nicht: Was tun? Thomas Grund hatte in den 90er Jahren als Sozialarbeiter mit dem Terror-Trio Mundlos, Böhnhardt und Zschäpe zu tun. Heute ärgert er sich über sein Zögern, in: Tagesspiegel vom 26.11.2011, Nr. 21168.
Frenzel, Veronica (2011): Ahnungen, Warnungen, in: Potsdamer Neuste Nachrichten, S. 3, http://www.pnn.de/dritte-seite/599645/, zuletzt aufgerufen: 30.9.2013.
Frietsch, Elke/Herkommer, Christina (2009): Nationalsozialismus und Geschlecht. Politisierung und Ästhetisierung von Körper, „Rasse" und Sexualität im „Dritten Reich", Bielefeld.
Fromm, Rainer (1998): Die „Wehrsportgruppe Hoffmann". Darstellung, Analyse und Einordnung, Frankfurt/Main, S. 408f.
Fröhlich, Alexander (2014): Kita feuert Neonazi-Erzieherin, in: Zeit online. http://blog.zeit.de/stoerungsmelder/2014/07/29/kita-feuert-neonazi-erzieherin_16821, zuletzt aufgerufen: 10.1.2015.
Gastautorin (2013): Nazis im Hörsaal – wie reagieren? In: AK Duell, studentische Zeitung für Duisburg, Essen und das Ruhrgebiet, www.akduell.de/2013/12/nazis-im-hoersaal-wie-reagieren, zuletzt aufgerufen: 27.2.2016.

Gildemeister, Regine/Hericks, Katja (2012): Geschlechtersoziologie. Theoretische Zugänge zu einer vertrackten Kategorie des Sozialen, München.

Glensk, Evelyn/Rothmaler, Christiane (Hg.) (1992): Kehrseiten der Wohlfahrt. Die Hamburger Wohlfahrt auf ihrem Weg von der Weimarer Republik in den Nationalsozialismus, Hamburg.

Gravenhorst, Lerke/Tatschmurat, Carmen (Hg.) (1990): TöchterFragen NS-Frauen Geschichte, München.

Großmaß, Ruth (2010): Die Perspektive der Fachwissenschaft, in: Licht-Blicke, Projekt ElternStärken: Rechtsextremismus als Thema in der Jugendhilfe, Berlin, S. 14–17.

Haarer, Johanna (1936): Die deutsche Mutter und ihr erstes Kind, München.

Hallama, Maria (2015): Neonazismus als Herausforderung für die Soziale Arbeit. Mit welchen neonazistischen Erscheinungsformen sehen sich Bildungsinstitutionen des Handlungsfeldes Sozialer Arbeit konfrontiert und wie gehen sie damit um? Unveröffentlichte Bachelor-Thesis, eingereicht am 12.5.2015 an der Alice Salomon Hochschule Berlin.

Hammerschmidt, Peter (2010): Frauenbewegung und Entwicklung der Sozialen Arbeit zum Beruf, in: Engelfried, Constanze/Voigt-Kehlenbeck, Corinna (Hg.): Gendered Profession. Soziale Arbeit vor neuen Herausforderungen in der zweiten Moderne, Wiesbaden, S. 25–42.

Harpe von, Martha (1939): Zur Neuausbildung der Volkspflegerinnen, in: Nachrichtendienst, 20. Jg., H. 9, S. 286–288.

Hausen, Karin (1976): Die Polarisierung der „Geschlechtscharaktere": Eine Spiegelung der Dissoziation von Erwerbs- und Familienleben, in: Conze, Werner (Hg.): Sozialgeschichte der Familie in der Neuzeit Europas, Stuttgart, S. 363-393.

Hausschild, Kerstin (2001): Die Frauen in der Familien- und Jugendfürsorge im Hamburg der Nachkriegszeit und in den fünfziger Jahren, in: Dünkel, Barbara/Fesel, Verena (Hg.): Wohlfahrtspflege - Volkspflege - Fürsorge. Regionale und überregionale Forschungsergebnisse der Sozialen Arbeit zwischen 1920 und 1970, Münster, S. 27–48.

Hechler, Andreas/Stuve, Olaf (Hg.) (2015): Geschlechterreflektierte Pädagogik gegen Rechts, Opladen/Berlin/Toronto.

Heinsohn, Kirsten/Vogel, Barbara (Hg.) (1997): Zwischen Karriere und Verfolgung. Handlungsspielräume von Frauen im nationalsozialistischen Deutschland, Frankfurt am Main/New York.

Heitmeyer, Wilhelm (1989): Rechtsextremistische Orientierungen bei Jugendlichen. Weinheim/München.

Heitmeyer, Wilhelm (Hg.): Deutsche Zustände, Band 1 bis 10, Frankfurt am Main, 2002–2012.

Hering, Sabine (Hg.) (2007): Jüdische Wohlfahrt im Spiegel von Biografien, Frankfurt am Main.

Heymann, Lida Gustava (1917): Weiblicher Pazifismus, o. S. http//www.frauenmediaturm.de/themen-portraets/feministische-pionierinnen/lida-gustava-heymann/auswahlbibliografie/weiblicher-pazifismus/, zuletzt aufgerufen: 8.3.2016.

Hewicker, Christine (2001): Die Aussteigerin – Autobiografie einer ehemaligen Rechtsextremistin, Oldenburg.

Hindemith, Stella (2014): Privat ist die sehr nett. Mit freundlicher Unterstützung der Mehrheitsgesellschaft: Wie Nazifrauen Politik machen, in: tageszeitung vom 15.2.2014, S. 11.

Hoffmann, Karl Heinz (1979): Frauen in der WSG, in: Kommando, Nr. 2,

Höhn, Sebastian (2013): Rechtsextremismus: Neonazi mit Meistertitel, http//www.berliner-zeitung.de/berlin/rechtsextremismus-neonazi-mit-meistertitel-1364412, zuletzt aufgerufen: 9.4.2016.

Honegger, Claudia (1991): Die Ordnung der Geschlechter. Die Wissenschaften vom Menschen und das Weib, 1750–1850, Frankfurt am Main.

IFSW International Federation of Social Workers (2014): Global Definition of Social Work. http://ifsw.org/get-involved/global-definition-of-social-work, zuletzt aufgerufen: 31.3.2016.

Jansen, Frank (2015a): In Beate Zschäpe brodelt es, http://www.tagesspiegel.de/politik/204-tag-im-nsu-prozess-in-beate-zschaepe-brodelt-es/11768650.html, zuletzt aufgerufen: 30.6.16.

Jansen, Frank (2015b): Beate Zschäpe weist Mundlos und Böhnhardt die Schuld zu, http://www.tagesspiegel.de/politik/aussage-im-nsu-prozess-beate-zschaepe-weist-mundlos-und-boehnhardt-die-schuld-zu/12699748.html, zuletzt aufgerufen: 30.6.16.

Jentsch, Ulli (2010): Terroristische Einzeltäter-Vereinigungen. Der Neonazi-Terror der achtziger Jahre in der alten Bundesrepublik, in: Antifa Infoblatt 89/4.2010. https://antifainfoblatt.de/artikel/terroristische-einzelt%C3%A4ter-vereinigungen, zuletzt aufgerufen: 16.2.2014.

Kappeler, Manfred (1971): Ideologie und Praxis in der Heimerziehung, in: Autorenkollektiv: Gefesselte Jugend-Fürsorgeerziehung im Kapitalismus, Frankfurt am Main.

Kemper, Andreas/Weinbach, Heike (2009): Klassismus. Eine Einführung, Münster.

Kessl, Fabian/Plößer, Melanie (2010): Differenzierung, Normalisierung, Andersheit. Soziale Arbeit als Arbeit mit den Anderen – Eine Einleitung, in: Dies. (Hg.): Differenzierung, Normalisierung, Andersheit. Soziale Arbeit als Arbeit mit den Anderen, Wiesbaden, S. 7–16.

Klee, Ernst (1989): Die SA Jesu Christi, Frankfurt am Main.

Klee, Ernst (2003): Personenlexikon zum Dritten Reich, Frankfurt am Main.

Kleffner, Heike (2014): Extrem rechter Frauenhass und neonazistische Gewalt. Eine potentiell tödliche Mischung, in: antifaschistisches infoblatt, https://www.antifainfoblatt.de/artikel/extrem-rechter-frauenhass-und-neonazistische-gewalt, zuletzt aufgerufen: 9.4.2016

Koonz, Claudia (1994): Mütter im Vaterland. Frauen im Dritten Reich, Reinbek.

Köttig, Michaela (2004): Lebensgeschichten rechtsextrem orientierter Mädchen und junger Frauen. Biographische Verläufe im Kontext der Familien- und Gruppendynamik, Gießen.

Krafeld, Franz-Josef (1996): Die Praxis Akzeptierender Jugendarbeit. Konzepte, Erfahrungen, Analysen aus der Arbeit mit rechten Jugendcliquen, Opladen.

Krafeld, Franz-Josef (2000): Von der akzeptierenden Jugendarbeit zu einer gerechtigkeitsorientierten Jugendarbeit, in: deutsche jugend, 6/2000, S. 266–268.

Kramer, David (1983): Wohlfahrtspflege im Dritten Reich: Frauen in Beruf und Ausbildung, in: Baron, Rüdeger (Hg.): Sozialarbeit und Soziale Reform. Zur Geschichte eines Berufs zwischen Frauenbewegung und öffentlicher Verwaltung, Weinheim/Basel, S. 37–51.

Kuhlmann, Carola (2008a): Geschichte Sozialer Arbeit I. Studienbuch, Schwalbach/Ts.

Kuhlmann, Carola (2008b): Geschichte Sozialer Arbeit II. Textbuch. Schwalbach/Ts.

Kuhrig, Herta/Thürmer-Rohr, Christina (2003): Ein Dialog über den Dialog: zwischen dem „Kommunistischen Manifest und dem „Feminismus", in: Czollek, Leah Carola/Perko, Gudrun (Hg.): Verständigung in finsteren Zeiten. Interkulturelle Dialoge statt „clash of civilisation", Köln, S. 65–92.

Kundrus, Birthe (1995): Kriegerfrauen. Familienpolitik und Geschlechterverhältnisse im Ersten und Zweiten Weltkrieg, Hamburg.

Lang, Juliane (2008): Die sanfte Seite des Rechtsextremismus?, in: Deutscher Frauenrat (Hg.): Gefährlich im Aufwind. Rechtsextreme Frauen, 6/2008, S. 18–19.

Lehmann, Armin (2011): Frauen in der Neonazi-Szene. „Die Waffe bin ich selbst", in: Tagesspiegel. http/www.tagesspiegel.de/politik/frauen-in-der-neonazi-szene-die-waffe-bin-ich-selbst/5906134-all.html, zuletzt aufgerufen: 10.6.2016.

Lehmann, Nadja (2008): Migrantinnen im Frauenhaus. Biografische Perspektiven auf Gewalterfahrungen, Opladen.

Lehnert, Esther (2003): Die Beteiligung von Fürsorgerinnen an der Bildung und Umsetzung der Kategorie „minderwertig" im Nationalsozialismus, Frankfurt am Main.

Lehnert, Esther (2010): „Angriff auf Gender-Mainstreaming und Homo-Lobby" – der moderne Rechtsextremismus und seine nationalsozialistischen Bezüge am Beispiel der Geschlechterordnung, in: Claus, Robert/Müller, Yves/Lehnert, Esther (Hg.): „Was ein rechter Mann ist..." Männlichkeiten im Rechtsextremismus, Berlin, S. 89–99.

Lehnert, Esther (2013): Parteiliche Mädchenarbeit und Rechtsextremismusprävention, in: Amadeu Antonio Stiftung/Radvan, Heike (Hg.): Gender und Rechtsextremismus-Prävention, Berlin, S. 197–210.

Licht-Blicke, Projekt ElternStärken (2010): Rechtsextremismus als Thema in der Jugendhilfe, Berlin.
Litschko, Konrad (2007): Braune Heimat Speckgürtel, in: die tageszeitung. http://www.taz.de/1/archiv/?id=archiv&dig=2007/04/03/a0173, zuletzt aufgerufen: 10.1.2015.
Lob-Hüdepohl, Andreas (2003): Ethik Sozialer Arbeit als Menschenrechtsprofession: Konturen einer sozialprofessionellen Grundhaltung, in: Soziale Arbeit, Jg. 52, Nr. 2, S. 42–48.
Lohalm, Uwe (1992): Hamburgs öffentliche Wohlfahrt in der Krise 1930–1933, in: Glensk, Evelyn/Rothmaler, Christiane (Hg.): Kehrseiten der Wohlfahrt. Die Hamburger Wohlfahrt auf ihrem Weg von der Weimarer Republik in den Nationalsozialismus, Hamburg, S. 48–75.
Lüders, Christian (2011): Von der scheinbaren Selbstverständlichkeit präventiven Denkens, in: DJI Impulse 2011, H. 2, Nr. 94, S. 4ff.
Maier, Hugo (Hg.) (1998): Who is who der Sozialen Arbeit, Freiburg im Breisgau.
Märkische Allgemeine (2014): Tagesstätte wirft Ex-Neonazi-Autorin raus, in: Märkische Allgemeine. http://www.maz-online.de/Lokales/Potsdam-Mittelmark/Kita-Brueck-wirft-Ex-Neonazi-Autorin-Nicola-Brandstetter-raus, zuletzt aufgerufen:16.1.2015.
MacDonald, Eileen (1992): „Erschießt zuerst die Frauen", Stuttgart.
Mecheril, Paul (2010): Migrationspädagogik. Hinführung zu einer Perspektive, in: ders. u. a. (Hg.): Migrationspädagogik, Weinheim, S. 7–22.
Mecheril, Paul/Melter, Claus (2010): Differenz und Soziale Arbeit. Historische Schlaglichter und systematische Zusammenhänge, in: Kessel, Fabian/Plößer, Melanie (Hg.): Differenzierung, Normalisierung, Andersheit. Soziale Arbeit als Arbeit mit den Anderen, Wiesbaden, S. 117–131.
Mitscherlich, Margarete (1994): Die friedfertige Frau, Frankfurt am Main.
Mobile Beratung für Opfer rechter Gewalt (2014): An der Seite der Betroffenen. Informationen der Mobilen Beratung für Opfer rechter Gewalt, Nummer 47, Magdeburg.
Möller, Kurt (1991): Geschlechtsspezifische Aspekte der Anfälligkeit für Rechtsextremismus in der Bundesrepublik Deutschland, in: Frauenforschung. Informationsdienst des Forschungsinstituts Frau und Gesellschaft 9.3, S. 27–49.
Most, Wolfgang (2006): Vereinigung der Einzeltäter: Wehrsportgruppe Hoffmann, www.hagalil.com/archiv/2006/01/hoffmann.htm, zuletzt aufgerufen: 16.2.2014.
Müller, Burkhard (1995): Sozialer Friede und Multikultur. Thesen zur Geschichte und zum Selbstverständnis sozialer Arbeit, in: Müller, Siegfried et al. (Hg.): Fremde und Andere in Deutschland. Nachdenken über das Einverleiben, Einebnen, Ausgrenzen, Opladen, S. 133–147.
Müller, Monika (2006): Von der Fürsorge in die Soziale Arbeit – Fallstudie zum Berufswandel in Ostdeutschland, Opladen/Berlin/Toronto.

Müller, Ursula/Schröttle, Monika (2013): Lebenssituationen, Sicherheit und Gesundheit von Frauen in Deutschland. Ergebnisse der repräsentativen Untersuchung zu Gewalt gegen Frauen in Deutschland, Berlin.

Müller, Wolfgang (2013): Wie Helfen zum Beruf wurde, Weinheim/Basel.

Münder, Johannes/Seidenstücker, Bernd (1991): Jugendhilfe in der DDR. Perspektiven einer Jugendhilfe in Deutschland, Münster.

Mut vor Ort (2014): Bedingungen und Erfahrungen geschlechterreflektierender Neonazismusprävention, Chemnitz.

N.N. in Morgenpost (2012): „Neonazis unterwandern Kampfportvereine", http://www.morgenpost.de/brandenburg-aktuell/article106135473/Neonazis-unterwandern-Kampfsportvereine.html, zuletzt aufgerufen: 9.4.2016.

N.N. in Spiegel.de (2013): Besitz von Kinderpornografie. Staatsanwaltschaft ermittelt gegen Zschäpe, http//www.spiegel.de/panorama/justiz/kinderpornografie-staatsanwaltschaft-ermittelte-gegen-beate-zschaepe-a-882951.html, zuletzt aufgerufen: 10.6.2016

Nath, Dörth (2013): Frauen in der NPD. Weiblich, jung, rechts, in: recherche&aktion, www.recherche-und-aktion.net/extern/weiblich-jung-rechts, zuletzt aufgerufen: 9.4.2016.

Neidhardt, Friedhelm (1982): Linker und rechter Terrorismus. Erscheinungsformen und Handlungspotentiale im Gruppenvergleich, in: von Baeyer-Katte, Wanda u. a. (Hrsg.): Gruppenprozesse. Analysen zum Terrorismus 3, Opladen, S. 433–476.

Nickel, Hildegard Maria (2009): Paternalistische Gleichberechtigungspolitik und weibliche Emanzipation, in: Lorenz, Astrid/Reutter, Werner (Hg.): Ordnung und Wandel als Herausforderungen für Staat und Gesellschaft, Opladen, S. 167–183.

Nootbaar, Hans (1995): Teil VI. Sozialarbeit und Sozialpädagogik in der Bundesrepublik 1949-1962, in: Landwehr, Rolf/Baron, Rüdeger (Hg.): Geschichte der Sozialarbeit. Hauptlinien ihrer Entwicklung im 19. und 20. Jahrhundert, Weinheim/Basel, S. 251–299.

Nöthling, Carsten (2009): Soziale Arbeit und Soziale Bewegungen in der DDR, in: Wagner, Leonie (Hg.): Soziale Arbeit und Soziale Bewegungen, Wiesbaden, S. 207–230.

Opitz-Belakhal, Claudia (2010): Geschlechtergeschichte, Frankfurt am Main.

Otto, Hans-Uwe/Sünker, Heinz (Hg.) (1986): Soziale Arbeit und Faschismus, Bielefeld.

Peukert, Detlev (1989): Rassismus als Bildungs- und Sozialpolitik, in: Cogoy, Renate/Kluge, Irene (Hg.): Erinnerung einer Profession. Erziehungsberatung, Jugendhilfe und Nationalsozialismus, Münster, S. 111–124.

Piotrowski, Laura (2013): „Brandstiftung durch Worte": Maria Fanks gefährlicher Berufswunsch, http://www.netz-gegen-nazis.de/artikel/gegen-nazis-in-sozialen-berufen-9047, zuletzt aufgerufen: 9.4.2016.

Platen, Heide (2005): Mit Samthandschuhen gegen den Nazi. In: die tageszeitung, www.taz.de/1/archiv/?dig=2005/03/30/a0219, zuletzt aufgerufen: 27.2.2016

Prenzel, Thomas (Hg.) (2012): 20 Jahre Rostock-Lichtenhagen. Kontext, Dimensionen und Folgen der rassistischen Gewalt, Rostocker Informationen zur Politik und Verwaltung, Heft 32, Rostock.

Rabert, Bernhard (1995): Links- und Rechtsterrorismus in der Bundesrepublik Deutschland von 1970 bis heute, Bonn.

Radtke, Johannes (2014): Großrazzia gegen Neonzi-Neonazi-Szene, in: Zeit online. http://blog.zeit.de/stoerungsmelder/2014/06/04/grossrazzia-gegen-neonazi-szene_16487, zuletzt aufgerufen: 10.1.2015.

Radvan, Heike (2010): Pädagogisches Handeln und Antisemitismus. Eine empirische Studie zu Beobachtungs-und Interventionsformen in Einrichtungen der offenen Jugendarbeit, Bad Heilbrunn.

Radvan, Heike (2013): Geschlechterreflektierende Rechtsextremismusprävention. Eine Leerstelle in Theorie und Praxis?, in: Amadeu Antonio Stiftung/Radvan, Heike (Hg.): Gender und Rechtsextremismusprävention, Berlin, S. 9–36.

Radvan, Heike/Lehnert, Esther (2015): Rechtsextremismus als Herausforderung für frühkindliche Pädagogik – Analysen und Handlungsempfehlungen, in: Hechler, Andreas/Stuve, Olaf (Hg.): Geschlechterreflektierte Pädagogik gegen Rechts, Opladen, S. 177–192.

Reese, Dagmar (1989): Straff, aber nicht stramm – herb, aber nicht derb: Zur Vergesellschaftung von Mädchen durch den Bund Deutscher Mädel im soziokulturellen Vergleich zweier Milieus, Weinheim.

Reyer, Jürgen (1991): Alte Eugenik und Wohlfahrtspflege. Entwertung und Funktionalisierung der Fürsorge, Freiburg im Breisgau.

Rieker, Peter (2006): Rechtsextreme Studierende der Sozialpädagogik und Sozialarbeit in Ostdeutschland? Sozial Extra, 30(12), S. 32–34.

Rieker, Peter (2009): Rechtsextremismus und Soziale Arbeit. Kinder und Jugendliche im Fokus der rechtsextremen Szene, in: Wagner, Leonie (Hg.): Soziale Arbeit und Soziale Bewegungen, Wiesbaden, S. 231–252.

Rieker, Peter (2009): Rechtsextremismus: Prävention und Intervention. Ein Überblick über Ansätze, Befunde und Entwicklungsbedarf, Weinheim und München.

Rietzschel, Antonie (2013): Eltern wollen rechter Erzieherin ihre Kinder nicht anvertrauen, in: Süddeutsche Zeitung. http://www.sueddeutsche.de/panorama/streit-in-staedtischer-kita-in-lueneburg-eltern-wollen-rechter-erzieherin-ihre-kinder-nicht-anvertrauen-1.1647758, zuletzt aufgerufen: 16.1.2015.

Rödel, Jakob (2014): Wie geht es nach dem Ausstieg aus der Nazi-Szene weiter?, http/www.netz-gegen-nazis.de/artikel/exit-tanja-privenau-9277, zuletzt aufgerufen: 9.4.2016.

Rommelspacher, Birgit (2002): Evaluation des Bundesprogrammes CIVITAS initiativ gegen Rechtsextremismus in den Neuen Bundesländern, unveröffentlichtes Arbeitspapier, Berlin.
Röpke, Andrea (2010): Die geführte Jugend – Kindererziehung von rechts, Braunschweig.
Röpke, Andrea/Speit, Andreas (2010): Braune Erzieherin freigestellt, in: die tageszeitung. http://taz.de/!56821/ zuletzt aufgerufen: 16.1.2015.
Rothmaler, Christiane (1996): Die Sozialpolitikerin Käthe Petersen zwischen Auslese und Ausmerze, in: Ebbinghaus, Angelika (Hg.): Opfer und Täterinnen. Frauenbiographien des Nationalsozialismus, Frankfurt am Main, S. 98–123.
Sachße, Christoph (1986): Mütterlichkeit als Beruf. Sozialarbeit, Sozialreform und Frauenbewegung 1871 bis 1929, Frankfurt am Main.
Sachße, Christoph/Tennstedt, Florian (2012): Geschichte der Armenfürsorge in Deutschland, Bd. 4: Fürsorge und Wohlfahrtspflege in der Nachkriegszeit 1945–1953, Stuttgart.
Sachße, Christoph/Tennstedt, Florian (1988): Geschichte der Armenfürsorge in Deutschland, Bd. II, Stuttgart.
Sagebiel, Juliane (2010): Alice Salomon – Pionierin der Sozialen Arbeit, in: Engelfried, Constanze/Voigt-Kehlenbeck, Corinna (Hg.): Gendered Profession. Soziale Arbeit vor neuen Herausforderungen in der zweiten Moderne, Wiesbaden, S. 43–60.
Salomon, Alice (1902): Soziale Frauenpflichten. Vorträge gehalten in deutschen Frauenvereinen von Alice Salomon, Berlin.
Sanders, Eike (2012): Frauen und Männer im Untergrund. Geschlechterverhältnisse im NSU und in seinem Umfeld, in: monitor, Rundbrief des apabiz e. V. 55/2012, S. 1–3.
Schäuble, Barbara (2012): „Anders als wir". Differenzkonstruktionen und Alltagsantisemitismus unter Jugendlichen. Anregungen für die politische Bildung, Berlin.
Scherr, Albert (2002): Mit Härte gegen Gewalt? Kritische Anmerkungen zum Anti-Aggressivitäts- und Coolness-Training, in: Kriminologisches Journal, H. 4/2002, S. 294–301.
Scherr, Albert/Bitzan, Renate (2007): Rechtsextreme Studierende und JugendarbeiterInnen. Sozial Extra, 30 (1–2), S. 8–10.
Schikorra, Christa (2001): Kontinuitäten der Ausgrenzung. „Asoziale" Häftlinge im Frauen-Konzentrationslager Ravensbrück, Berlin.
Schilling, Johannes/Zeller, Susanne (2007): Soziale Arbeit. Geschichte, Theorie, Profession. Studienbuch für Soziale Berufe 1, München/Basel.
Schmidt, Holger (2011): Zum Forschungsstand der Offenen Kinder- und Jugendarbeit. Eine Sekundäranalyse, in: Schmidt, Holger (Hg.): Empirie der Offenen Kinder- und Jugendarbeit, Wiesbaden, S. 13–127.
Schmidt, Wolf (2013): Kann man das Böse messen?, https://www.taz.de/1/archiv/digitaz/artikel/?ressort=hi&dig=2013%2F04%2F13%-

2Fa0029&cHash=e1fb49b5d4ff3a8571cf24b754bbe93c, zuletzt aufgerufen: 30.6.16.
Schmitz, Sigrid (2006): Jägerinnen und Sammler. Evolutionsgeschichten zur Menschwerdung, in: Ebeling, Smilla/Schmitz, Sigrid (Hg.): Geschlechterforschung und Naturwissenschaften. Einführung in ein komplexes Wechselspiel, Wiesbaden, S. 189–210.
Schnurr, Stefan (1997): Sozialpädagogen im Nationalsozialismus, Weinheim/München.
Schwarz, Gudrun (1997): Frauen in der SS. Sippenverband und Frauenkorps, in: Heinsohn, Kirsten/Vogel, Barbara (Hg.): Zwischen Karriere und Verfolgung. Handlungsspielräume von Frauen im nationalsozialistischen Deutschland, Frankfurt am Main/New York, S. 223–244.
Selg, Anette (2015): JägerInnen und Sammler. http://www.deutschlandradiokultur.de/geschlechter-in-der-steinzeit-jaegerinnen-und-sammler.976.de.html?dram:article_id=319760, zuletzt aufgerufen: 29.2.2016.
Siegler, Bernd (1989): Terroristische Einzeltäter-Vereinigung, in: konkret 03/1989, o. S.
SkF Stiftung Agnes Neuhaus (2016): Informationen zum Stiftungspreis der SkF-Stiftung Agnes Neuhaus, o. S., http://www.skf-stiftung.de zuletzt aufgerufen: 31.3.2016.
Speit, Andreas (2010): Neonaziforen-Macher geoutet, in: die tageszeitung. http://www.taz.de/!53686, zuletzt aufgerufen: 16.1.2015.
Speit, Andreas (2013): Kinder sind rechte Erzieherin los, in: die tageszeitung. http://taz.de/!119263, zuletzt aufgerufen: 16.1.2015.
Standhartinger, Angela (1995): Das Frauenbild im Judentum der hellenistischen Zeit. Ein Beitrag anhand von „Joseph und Aseneth“, Leiden/New York/Köln.
Staub-Bernasconi, Silvia (2006): Der Beitrag einer systemischen Ethik zur Bestimmung von Menschenwürde und Menschenrechten in der Sozialen Arbeit, in: Dungs, Susanne (Hg.): Soziale Arbeit und Ethik im 21. Jahrhundert, Leipzig, S. 267–289.
Staub-Bernasconi, Silvia (2013): Kritische Soziale Arbeit – ohne auf eine Politisierungsphase Sozialer Arbeit warten zu müssen, in: Stender, Wolfram/Kröger, Dany (Hg.), Soziale Arbeit als kritische Handlungswissenschaft. Beiträge zur (Re-)Politisierung sozialer Arbeit, Hannover, S. 37–80.
Stender, Wolfram/Kröger, Dany (2013): Zur Einführung: Soziale Arbeit ist politisch!, in: dies. (2013): Soziale Arbeit als kritische Handlungswissenschaft. Beiträge zur (Re-)Politisierung sozialer Arbeit, Hannover, S. 7–14.
Steppe, Hilde (2001): Krankenpflege im Nationalsozialismus, Frankfurt am Main.
Sternsdorff, Hans-Wolfgang (1984): Chef, ich habe den Vorsitzenden erschossen, in: DER SPIEGEL 47/1984, S. 71–82, online unter: www.spiegel.de/spiegel/print/d-13512120.html , zuletzt aufgerufen 16.2.2014.

Stieve, Hedwig (1983): Tagebuch einer Fürsorgerin, Nachdruck der Originalausgabe von 1925, Weinheim, Basel
Stoehr, Irene (1983): Organisierte Mütterlichkeit. Zur Politik der deutschen Frauenbewegung um 1900, in: Hausen, Karin (Hg.): Frauen suchen ihre Geschichte, München, S. 221–249.
Stöss, Richard (2005): Rechtsextremismus im Wandel, Berlin.
Strothmann, Dietrich (1982): Wie das Mädchen zur Bombe kam, www.zeit.de/1982/08/das-maedchen-das-zur-bombe-kam, zuletzt aufgerufen: 16.2.2014.
Stützel, Kevin (2013): Männlich, gewaltbereit und desintegriert. Eine geschlechterreflektierende Analyse der akzeptierenden Jugendarbeit in den neuen Bundesländern, in: Amadeu Antonio Stiftung/Radvan, Heike (Hg.): Gender und Rechtsextremismusprävention, Berlin, S. 211–230.
taz.de: Haasenburg-Schwerpunkt, http://www.taz.de/!t5011079/, zuletzt aufgerufen: 28.2.2016
Theweleit, Klaus (1977): Männerphantasien 1, Frankfurt am Main/Basel.
Thiersch, Hans (2008): Lebensweltorientierte Soziale Arbeit, Weinheim.
Thürmer-Rohr, Christina (1989): Mittäterschaft der Frau. Analyse zwischen Mitgefühl und Kälte, in: Studienschwerpunkt „Frauenforschung" am Institut für Sozialpädagogik an der TU-Berlin (Hg.): Mittäterschaft und Entdeckungslust, Berlin, S. 87–103.
Tröger, Annemarie (1977): Die Dolchstoßlegende der Linken: „Frauen haben Hitler an die Macht gebracht". Thesen zur Geschichte der Frauen am Vorabend des Dritten Reichs, in: Gruppe Berliner Dozentinnen (Hg.): Frauen und Wissenschaft, Beiträge zur Berliner Sommeruniversität für Frauen, Berlin, S. 324–355.
Verein zur Förderung akzeptierender Jugendarbeit e.V., Bremen in Kooperation mit Prof. Dr. Kurt Möller, Hochschule Esslingen (2007): http://vaja-bremen.de/wp-content/uploads/2015/04/distanzierung_durch_integration-konzept_praxis_evaluation-2007.pdf, zuletzt aufgerufen: 9.4.2016.
Vinken, Barbara (2011): Die deutsche Mutter. Der lange Schatten eines Mythos, Frankfurt am Main.
Voß, Heinz-Jürgen (2011): Geschlecht. Wider die Natürlichkeit. Stuttgart.
Wachs, Thomas (2014): CDU trennt sich von Ex-Neonazi-Autorin, in: Märkische Allgemeine Zeitung. http://www.maz-online.de/Lokales/Potsdam-Mittelmark/Treuenbrietzener-Christdemokratin-auf-rechtsradikaler-Internet-Seite-unterwegs-Nicola-Brandstaetter, zuletzt aufgerufen: 16.1.2015.
Wagner, Leonie (1996): Nationalsozialistische Frauenansichten, Frankfurt am Main.
Wagner, Petra (2013): Diversität respektieren, Diskriminierung widerstehen – Vorurteilsbewusste Bildung und Erziehung im Rahmen von KINDERWELTEN, Dossier Diversität und Kindheit – Frühkindliche Bildung,

Vielfalt und Inklusion der Heinrich-Böll-Stiftung, http://heimatkunde.boell.de/, zuletzt eingesehen 9.4.2016.
Wallner, Claudia (2007): Parteiliche Mädchenarbeit – alter Hut oder modern, http://www.claudia-wallner.de/wp-content/uploads/2016/02/Parteiliche-Maedchenarbeit-alter-Hut-oder-modern.pdf, zuletzt aufgerufen: 9.4.2016.
Weidner, Jens/Kilb, Rainer (Hg.) (2004): Konfrontative Pädagogik. Konfliktbearbeitung in Sozialer Arbeit und Erziehung, Wiesbaden.
Weinbach, Heike (2003): Der Traum vom humanitären Raum, in: Frauenrat ASFH (Hg.): Quer – denken, lesen, schreiben, 08/03, S. 9–14.
Wendt, Wolf Rainer (2008): Geschichte der Sozialen Arbeit 1. Die Gesellschaft vor der sozialen Frage, 5. Auflage, Stuttgart.
Willing, Matthias (2003): Das Bewahrungsgesetz (1918–1967). Eine rechtshistorische Studie zur Geschichte der deutschen Fürsorge, Tübingen.
Zeit online (2016): Zschäpes Lästereien im Gefängnisbus, http://www.zeit.de/gesellschaft/zeitgeschehen/2013-07/nsu-prozess-bka-zschaepe/komplettansicht, zuletzt aufgerufen: 30.06.16.
Zeller, Susanne (1994): Geschichte der Sozialarbeit als Beruf, Pfaffenweiler.